INFO-REIHE DROGEN ● 5

ALADIN
Inh. P. Ramezanbyge
Dachauer Straße 32-34
80335 München
Tel./Fax 54506891

c 1990 by Raymond Martin Verlag
D-8531 Markt Erlbach

Originalausgabe

Cover & Layout Walter Hartmann
Satz von Plärrer-Satz, Nürnberg
Druck von Rumpel-Druck, Nürnberg
Binderei von Fa. A. Martin, Hersbruck

Alle Rechte vorbehalten
Printed in West-Germany

ISBN 3 - 88631 - 208 - 9

WALTER HARTMANN

KOKAIN

RAYMOND MARTIN VERLAG

Inhalt

Vorbemerkung   9

I. Koka
Botanischer Steckbrief: Die Koka-Pflanze   11
Anbau und Verbreitung   13
Das Trocknen der Blätter   14
Heilige Gesetze zerstören heißt immer, eine Ordnung vernichten   16
Nähere Betrachtung einer fremdländischen Unsitte   21

II. Das Kokain
Vom Koka zum Kokain   25
Kokablätter im Selbstversuch: Eine Konfrontation mit italienischem Temperament   25
Bayern: Reihenversuch im Feld, an lebendem Material   27
Coca, Koller, Frosch: Das perfekte Lokalanästhetikum   27
Weh dir, Prinzeßchen: Hoffnung und Euphorie des Dr. Freud   29
Verlangen und Furcht: Die Strafe folgte in fürchterlicher Gestalt   31
Die Wirkung auf den menschlichen Körper   33

III: Das Goldene Zeitalter der Patentmedizin
Wie Coca Opernstars, Flugpioniere und selbst den Papst begeistert   37
Things go better with Coke   40
Kokain für 2,50 Dollar die Unze, rezeptfrei im Drugstore   44
Die Anti-Kokain-Liga   47

IV. La cispa de la vida – Die dubiose Karriere des Kokain
Aus der Traum?   49
Freischärler knacken Apotheken   49
Krachende Stadt, Wirrsal wilder Verwüstungen: Die 20er Jahre   50
Schneesturm, mitten im Sommer   55
Schlagzeilen in Deutschland: Der Fall Fassbinder und andere   57
Verspätete Erkenntnis, daß diese Droge süchtig macht   60
Vom Kokablatt zu den Fällprodukten; Kriminelle Chemie im Dschungelcamp   63
Der Weg zum Verbraucher – mit Steckmitteln gepflastert   65

V. Das Milliardengeschäft Die Koksbarone von Medellin
Eine Art Aids   69
Die Senores Ochoa und Escobar   71
Die Anfänge des Kartells: Ein Konzept zur Profitmaximierung   72
Das Tranquilandia-Projekt   74
Der Pakt von Panama   76
Intermezzo in Spanien   77
Drogenkrieg in Kolumbien: Präsident verhängt Ausnahmezustand   78
Kokain-Chronik   82
Bibliographie   84

> Potente Gehirne stärken sich nicht durch Milch,
> sondern durch Alkaloide.
> – Gottfried Benn

> Cocaine for horses an' not for men.
> They say it kill you but they don't say when.
> – Huddie Leadbetter.
> »Take a Whiff on Me«

> Dosis facit venenum.
> – Paracelsus

Vorbemerkung

Eine grundsätzliche Unterscheidung ist zu treffen zwischen dem Genuß der Kokablätter, einer seit Menschengedenken ethnologisch festverwurzelten Eigenheit südamerikanischer Indio-Kulturen, und der Verwendung des aus den Blättern gewonnenen Wirkstoff-Konzentrates Kokain, die gerade in den letzten Jahren in der sogenannten zivilisierten Welt einen neuerlichen Boom erfährt.

Die hemmungslose Schwärmerei der Pioniere der ersten Stunde – dem jungen Doktor Freud erschien das pharmazeutische Kokain als wahres Wundermittel – machte nach und nach, wie könnte es anders sein, einer Ernüchterung Platz, als man die Gefährlichkeit des Stoffes erkannte. Der Gebrauch von Kokain wurde verboten und fortan mit hohen Strafen geahndet. Was wiederum jenen Elementen, die sich um Gesetze nicht scheren und den Stoff auf dem schwarzen Markt feilbieten, beträchtliche finanzielle Gewinne garantiert. Dabei gebärden sie sich brutaler den je. Letzte Meldung: am 18. August 1989 wird in Kolumbien der Präsidentschaftskandidat Galan ermordet. – Drahtzieher des Attentats: das Kokain-Kartell.

Daß es im vorliegenden Buch nicht darum geht, Drogenkonsum zu verherrlichen oder zum Gebrauch von Drogen aufzufordern versteht sich von selbst. Information über Zusammenhänge indessen hat noch keinem geschadet.

Karen Elliott

1. KOKA

Botanischer Steckbrief: Die Koka-Pflanze

Kokain ist in den Blättern des Kokastrauchs enthalten, der vorwiegend in den Andenländern Südamerikas wächst und dort seit langem kultiviert wird. Von den rund 200 bekannten Gattungsarten dieser Pflanze kommen nur zwei für die Gewinnung genußgeeigneter Cocablätter in Frage – zum einen die Spezies Erythroxylon coca (auch als E. coca Lamarck bzw. und dem Handelsnamen »Huanacosorte« bekannt) und Erythroxylon novogranatense (nach »Nueve Granada«, dem alten spanischen Namen für Kolumbien), die als »Trujillo-Koka« im Handel ist. Den Gattungsnamen Erythroxylon bekam die Pflanze nach ihrem charakteristischen rotfarbenen Holz. Der ursprüngliche Name Koka geht auf das Aymara-Wort »Khoka« zurück, das in der Sprache dieses altperuanischen Indianerstammes einfach »Baum« bedeutet.

Der Name kommt nicht von ungefähr: die meist pyramidenförmigen Kokasträucher können wildwachsend eine Höhe von über fünf Metern erreichen, werden in Kulturen jedoch aus Ertragsgründen und zur Erleichterung der Ernte regelmäßig auf eine Höhe von zwei bis drei Meter zurückgeschnitten.

Der Kokastrauch trägt gelblich-weiße Blüten mit zungenförmigen Auswüchsen der Blütenblätter. Die an der Basis von Endtrieben junger Zweige knospenden Blüten entwickeln sich zu roten, eiförmigen Steinfrüchten. Das Ernteprodukt des Strauches jedoch sind die oval- oder lanzettförmigen, etwa sechs Zentimeter langen und drei Zentimeter breiten Blätter. Sie haben einen kurzen Stiel, sind glattrandig und laufen am Ende spitz zu. Auf Ober- und Unterseite ziehen sich von der Basis bis zur Spitze zwei bogenförmige Streifen, die von der Einfaltung der Blätter in der Knospe herrühren und den Eindruck erwecken, als würde auf jedem Blatt noch mal ein kleineres Blatt kleben. Getrocknet haben die Kokablätter ihrer Form, Farbe und Konsistenz nach eine entfernte Ähnlichkeit mit Lorbeerblättern.

Im frischem Zustand haben die Blätter einen schwachen, während des Trocknens jedoch einen stärkeren aromatischen Geruch, der von den verschiedenen darin enthaltenen ätherischen Ölen ausgeht. Ihr Geschmack ist leicht bitter und wird meist als grasartig beschrieben.

Die botanische Bestimmung und Namensgebung von E. coca erfolgte – gemessen an der Bekanntheit und Kultivierung dieser Pflanze in ihren Ursprungsländern – erst relativ spät. Zwar hatten die Spanier schon 1556

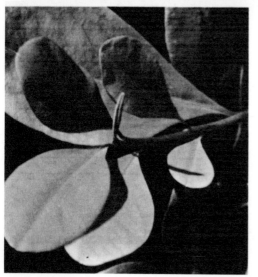

E. Coca:
**geöffnete Blüte;
Jungpflanze;
die Blätter.**

die ersten wissenschaftlichen Erkenntnisse über Koka nach Europa gebracht, aber die hiesigen Gelehrten zeigten sich an der Inka-Pflanze nicht sonderlich interessiert. Erst im 18. Jahrhundert befaßte man sich näher mit dieser bemerkenswerten Nutzpflanze: Anno 1750 brachte der französische Forscher Joseph de Jussieu von einer Expedition einige Exemplare einer bolivianischen Kokapflanze nach Europa mit; erstmals systematisch beschrieben und botanisch bestimmt wurde sie dann von Antonio Jose Cavanilles und Jean-Baptiste Lamarck. Die chemische Analyse des in den Blättern enthaltenen Kokains erfolgte erst über ein Jahrhundert später in deutschen Laboratorien.

Die Totalsynthese von Kokain aus den Ausgangsstoffen Methylamin, Succindialdehyd und Mono-methyl-beta-keto-glutarat beschrieb Willstätter im Jahre 1923.

Anbau und Verbreitung des Kokastrauches

Mineralreiche Humusböden bieten die Grundlage für ein optimales Wachstum, zu den klimatischen Voraussetzungen zählt neben relativ gleichbleibenden Tagestemperaturen zwischen 18 und 30 Grad Celsius ein Standort mit reichlichen und regelmäßigen Niederschlägen.

Traditionelle Anbaugebiete der Koka sind die zwischen 600 und 1.000 m hoch gelegenen und den südlichen Tropengürtel bis zum 20. Breitengrad umfassenden Gebirgslandschaften von Peru und Bolivien – vor allem an den geschützten Osthängen der Anden findet die Pflanze aufgrund des dortigen mild-feuchten Klimas optimale Lebensbedingungen.

Zwar kommt der Kokastrauch auch wildwachsend vor, im allgemeinen wird er jedoch auf terrassenförmigen Plantagen, unseren Weinbergen nicht unähnlich, als Kulturpflanze angebaut.

Die Pflanze kann entweder aus Trieben oder aus Samen gezogen werden. Im letzteren Fall geht man in der Praxis meist so vor, daß man zunächst in speziellen Sämereien oder Baumschulen mit ausgesuchtem Saatgut Koka-Setzlinge heranzieht. Bei diesem wichtigen Wachstumsabschnitt achtet man darauf, daß das Blattwerk ständig feucht gehalten wird – bei Regenmangel werden die Blätter ein- bis zweimal am Tag besprüht. Die Bodentiefe muß etwa 30 Zentimeter betragen, damit das dichte Wurzelnetz Raum hat, sich zu entwickeln. Nach ein bis anderthalb Jahren, wenn die Pflanzen etwa einen halben Meter hoch gewachsen sind, werden sie dann auf die Terrassenplantage umgepflanzt. Um der empfindlichen jungen Koka Schutz vor der Sonne zu bieten, werden nach der Anpflanzung zwischen den einzelnen Koka-Staudenreihen zusätzlich andere, schnellwachsende Nutzpflanzen wie Mais, Maniok oder Kaffee ausgesät, deren Blattwerk die Koka vorm Austrocknen bewahrt.

Nun dauert es – je nach Boden- und Klimaverhältnissen – zwei bis drei Jahre, bis zum ersten Mal geerntet werden kann. Die Reife der Blätter erkennt man an der spröden Konsistenz, die den Stengel bei leichtem Umbiegen abbrechen läßt. Die Blätter dieser ersten Ernte haben einen besonders hohen Wirkstoffgehalt. Das Pflücken der Blätter regt den Strauch zu neuem Wachstum an, und je nach Anbaugebiet kann zwei bis drei Mal im Jahr geerntet werden – die erste und zugleich ertragreichste Ernte findet nach der Frühjahrsregenzeit zwischen März und April statt, die zweite im Juni, die dritte dann im Oktober oder November.

Ein Kokastrauch bleibt bis zu 40 Jahren ertragsfähig, meist jedoch geben die Bauern ihre Koka-Kulturen nach zehn Jahren auf oder ersetzen die alten Sträucher durch neue, weil die Menge der für Genuß (Kokakauen) bzw. Weiterverarbeitung (Kokainproduktion) geeigneten Blätter so gering geworden ist, daß weitere Ernten nicht mehr rentabel erscheinen. Ein guter Kokastrauch liefert bei drei Ernten im Jahr rund 300 Gramm frische Blätter – getrocknet wiegen sie dann noch etwa 130 Gramm. Auf diese Weise läßt sich bei einer Anbaufläche von einem Morgen ein Ertrag von gut 1.000 Kilo getrockneter Kokablätter erzielen.

Für viele arme Indiobauern ist Koka die ideale Nutzpflanze – sie wächst auch noch dort, wo andere Agrarprodukte infolge mangelnder Bodenqualität nicht mehr anzubauen sind, und am Kokastrauch kann mehrmals im Jahr geerntet werden.

Das Trocknen der Blätter

Der Kokaingehalt der geernteten Blätter – und damit ihr Handelswert – hängt nicht zuletzt von der Art und Weise ab, wie sie nach der Ernte getrocknet werden. Man unterscheidet hier zwei Methoden: Coca del dia (an einem Tag getrocknet) und Coca picada.

Bei der ersten werden die Blätter bei Sonnenschein im Freien auf einem gepflasterten Trockenplatz oder trockenem Lehmboden ausgebreitet, in einer dünnen Schicht, die öfters aufgelockert und gewendet wird – je schneller sie in der Sonne getrocknet sind (im allgemeinen nach etwa sechs Stunden), um so besser ist die Ware, um so höher der Preis, den sie erzielt. Die Blätter behalten hierbei ihre olivgrüne Farbe

Bolivia: Don Henrique beim Ausstreuen der frischgeernteten Blätter auf dem Trockenplatz

(die Methode ist daher auch als Cacha – grünes Blatt – bekannt) und ihre Elastizität, die Oberfläche ist glatt und leicht glänzend.

Die zweite Methode besteht darin, daß man die Blätter beim Trocknen einem leichten Gärungsprozeß aussetzt – durch wiederholtes Anfeuchten beim Antrocknen – und sie mit den Füßen stampft. Anschließend werden sie in dünner Schicht in einem Lagerschuppen aufgeschüttet, mit Wolltüchern abgedeckt und unter weiterem mehrmaligem Stampfen getrocknet.

Ihren Alkaloidgehalt behalten die Blätter so mehrere Monate lang. Meist bringt man sie bald nach dem Trocknen, zu handlichen Ballen von 20 - 25 Pfund Gewicht gepreßt, in Säcken oder Körben verpackt, entweder auf die Indio-Märkte, wo sie ganz legal gehandelt werden, oder man verkauft sie an die Kokainproduzenten.

Heilige Gesetze zu zerstören, heißt immer, eine Ordnung zu vernichten

»Sie waren sehr häßlich in Art und Erscheinung; ihre Backen blähten sich alle mit einem gewissen grünen Kraut, das sie beständig kauten wie Kühe. Sie konnten kaum sprechen, und jeder trug zwei Kürbisflaschen um den Hals, die eine voll des Krauts, das er im Munde hatte, und die andere voll eines weißen Mehls, das wie Gipspulver aussah. Von Zeit zu Zeit pflegten sie ein Stöckchen anzufeuchten, in das Mehl zu tauchen und es dann in den Mund zu stecken. Dadurch vermischten sie das Mehl mit dem Kraut. Und da wir sehr darüber erstaunt waren, konnten wir sein Geheimnis nicht verstehen.«

Ein Brief des italienischen Seefahrers Amerigo Vespucci, abgefaßt im September 1504, in dem er seine Eindrücke von einer Reise zur Nordküste des südamerikanischen Kontinents schildert, die er im Jahre 1499 in spanischem Auftrag unternahm – und allem Anschein nach der erste Augenzeugenbericht eines Europäers über Europäern ganz fremde Leute und Sitten.

Man nimmt an, daß der Kokastrauch seit 2.500 v. Chr. in Peru als Kulturpflanze angebaut wurde. Im Reiche der Inkas, das um 1.200 n. Chr. im wesentlichen aus der Stadt Cuzco bestand und sich im Laufe der Inkadynastie dann schließlich bis nach Ecuador hinauf, gen Süden bis nach Mittelchile ausdehnte, war das Koka-Kauen hauptsächlich der Herrscherklasse vorbehalten.

Der Legende nach hat der weißhäutige Manco Ccapac, der göttliche Sohn der Sonne, der einst mit Mama Ocllo Huaco von den Felsen am

Titicacasee herabgestiegen war, damals nicht nur den goldenen Zauberstab mitgeführt, der an der Stelle der späteren Stadt Chuzco wie ein Keil in die Erde fuhr und das Paar hieß, an diesem Platze den Palast des ersten Inka zu erbauen und den Grundstein für ihr Reich zu legen – er hat sein Volk auch mit der Koka beschenkt.

Neben dem Inkaherrscher, dem Inka-Adel und den Priestern durften auch die Inka-Krieger und die Inka-Läufer von den Alkaloiden der Koka zehren, Handwerker und Bauern dagegen kamen kaum an das Zeug heran. Kokablätter wurden vornehmlich den Göttern zum Opfer gebracht, Kokablätter während der gottesdienstlichen Handlungen gekaut, selbst den Toten Koka in den Mund gesteckt, um sie einer günstigen Aufnahme im Jenseits zu versichern.

Vielleicht hat sich auch hin und wieder einer unbefugt eine Handvoll Kokablätter aus einem der »corpa-huasi« stibitzt – Depots am Straßenrand, in denen Koka, Nahrungsvorräte und warme Decken für die königlichen Truppen lagerten. In kürzeren Abständen säumten sogenannte »tambos« die beiden gepflasterten Hauptstraßen, die – eine davon rund 4.000 Kilometer an der Küste entlang, die andere rund 5.000 Kilometer Gebirgsroute – in Nord-Süd-Richtung das Reich durchzogen: Postenhäuschen, an denen sich die Kuriere ablösten, die im Stafettenlauf nach Schätzung des US-Historikers William Prescott eine Tagesstrecke von rund 250 Kilometern zurücklegen konnten. Daß die Läufer sich mit Koka stärkten, wird jedem einleuchten.

Das Treiben ihrer Untertanen kontrollierten die Inkas über ein ausgeklügeltes bürokratisches System. Hatten sie eine neue Region unterworfen, ließen sie Götzenbilder aus der Region in ihrem Sonnentempel aufstellen, während sie zugleich den Inka-Gottheiten eine beherrschende Position in den Schreinen der lokalen Götter verschafften; für diese mußte dann allerdings ein Tribut entrichtet werden.

Der verheerenden Goldgier und den Feuerwaffen der Spanier aber waren sie nicht gewachsen: nachdem der Analphabet Francisco Pizarro anno domini 1533 Atahuallpa, den 13. Inka, hatte hinrichten lassen, versank das Inkareich im Chaos.

Das Koka-Kauen war den Conquistadores zunächst ein Dorn im Auge. Während das erste kirchliche Konzil in Lima anno 1551 die Koka noch offen als Teufelskraut verdammte und Mönche auch noch in späteren Jahren dem spanischen König gar rieten, alle Pflanzungen zu zerstören und die auf ihnen arbeitenden Indianer als Sklaven zu verkaufen, kam bald schon aus Spanien die Weisung, das Koka-Kauen sei nicht als heidnischer Brauch anzusehen, denn das von den Eingebore-

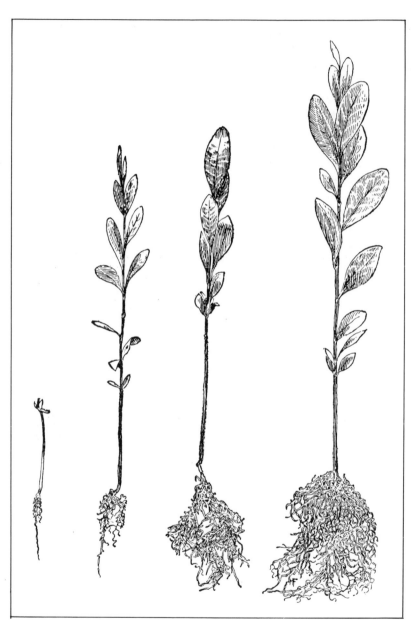

Junge Kokapflanzen (Konservatorium Mariani)

nen so geschätzte Kokablatt diene nichts anderem als dem allgemeinen Wohlgefühl; es erfrische sie, und arbeitsfreudige Indios seien für die Erschließung des Landes wichtig. Bereits 1558 wurden die Tributgesetzte um den Zusatz erweitert, daß Abgaben an die Vertreter der Spanischen Krone von nun an auch in Kokablättern entrichtet werden konnten.

Was die ehemals den Inka gehörenden Koka-Pflanzungen anging, so wurden sie erst von der Krone übernommen und später an die führenden Bürger der neuen spanischen Kolonie verteilt. Teufelskraut hin, Teufelskraut her – die Schatzkammer in Sevilla war auf die edlen, schimmernden Metalle scharf, die in den Minen der neuen Kolonien lagerten, und ohne reichliche Koka-Versorgung ist Bergbau in Peru nicht denkbar.

Die Erben der Conquistadores stiegen in den Kokahandel ein – die steigende Nachfrage verhieß gewaltige Profite. Die legendären Silberminen von Potosi boten einen nahezu unersättlichen Markt: Dort brachte Koka einen doppelt so hohen Preis ein wie in Cuzco, und ein spanischer Händler, der mit einer Karawane von Lamas und Maultieren 60.000 Pfund Kokablätter von 'Cuzco dort hinschaffte, konnte runde 7.500 Pesos Gewinn machen (Gegenwert: 35 Kilo Gold). Die Mineros, die heutzutage dort das Zinn aus dem Berg holen, kauen immer noch Koka, für 30 Gramm zahlen sie 15 Pesos.

Schon in den vierziger Jahren des 16. Jahrhunderts hatte man Koka für das wichtigste landwirtschaftliche Produkt der Anden gehalten, und ein paar spanische Kolonisatoren hatten gleich begonnen, sich ganz dem rasch entwickelnden Koka-Handel zu widmen. Die begeisterten historischen Berichte über das Vermögen, das man seinerzeit mit Koka erwerben konnte, legen den Schluß nahe, daß ein guter Teil des kulturellen Glanzes des goldenen Zeitalters Spaniens nicht allein auf die zahlreichen Zwangsarbeiter in den Andenminen zurückging, sondern auch auf die Profite aus dem Handel, der sie mit dem einzigen Stimulans versorgte, das ihnen die unmenschlichen Arbeitsbedingungen erträglich machte. Die katholischen Könige – erste Paten des Drogengeschäfts? Die Versorgung der breiten Masse der Bevölkerung mit Koka ist jedenfalls ein Verdienst der spanischen Kolonialherrschaft.

Es waren ja recht bald schon Berichte über die wunderbare Wirkung der Koka nach Spanien gelangt, der Koka-Konsum indessen hat in Europa nie Anhänger gefunden – im Gegensatz zu einer anderen Drogenpflanze der Neuen Welt, dem Tabak, dessen Popularität im 17. Jahrhundert sprunghaft anstieg. Die nahezu universelle ästhetische

oben: Fries mit Koka kauenden Inka-Kriegern, siehe Schwellung der Backe; die dargestellten Pflanzen sind Kokasträucher
unten links: Indios in Kolumbien tragen das Kalkpulver *(llipta)*, das beim Koka-Kauen mit einem Stäbchen in den Mund gebracht wird, in einer kleinen Kürbisflasche *(popóro)* bei sich
unten rechts: Alkalde mit Koka-Tasche *(chuspa)*

Diskriminierung einer – aus abendländischer Sicht – »häßlichen« Gewohnheit hielt auch die spanischen Kolonialherren in der Neuen Welt davon ab, sich mit dem Koka-Kauen anzufreunden. Freilich gab es Ausnahmen. Ein Beamter der Spanischen Inquisition berichtete während seiner Amtszeit in Quito in den zwanziger Jahren des siebzehnten Jahrhunderts folgendes über die Dominikaner- und Franziskanermönche der Stadt: »Sire, sie nehmen tatsächlich in diesen beiden Orden mit der größten Hingabe Koka ein, ein Kraut, das der Teufel mit seinen wesentlichsten diabolischen Eigenheiten ausgestattet hat und das sie trunken macht und sie ihre Sinne verlieren läßt, so daß sie, da sie außer sich sind, Dinge sagen und Tun, die Christen nicht angemessen sind, und noch weniger Angehörigen der Kirche...«

Während im heutigen Peru und Bolivien etwa sechs bis acht Millionen Quechua- und Aymara-Indianer Koka kauen, liegt die Zahl der Koka-Kauer in Kolumbien, wo das Koka-Kauen von der Bevölkerung als unzivilisiert und ungesund betrachtet wird, bei höchstens 100.000. Der brasilianische Ethnologe Anthony Henman hat in den siebziger Jahren bei Paez-Indianern Kolumbiens das Kauen der Kokablätter erforscht und kommt zu dem Schluß: »Wahrscheinlich wird das Kauen von Kokablättern niemals ein Trend in der überentwickelten industriellen Welt; es fehlen ihm die zentralen Eigenschaften leichter Konsumtion und sofortiger Befriedigung, und es erfordert insgesamt zu viel Sorgfalt und Vorbereitung, als daß es leicht ein Bestandteil des Lebensstils des Konsumenten werden könnte.«

Nähere Betrachtung einer fremdländischen Unsitte

Wie geht das Kauen nun eigentlich vor sich? Genau betrachtet, handelt es sich nur zu Anfang um ein Kauen, wenn der Coquero nämlich die Blätter zerkleinert und zu einem Klumpen oder einer Kugel formt, ehe er das nötige Kalkreagenz hinzufügt. vor allem dies erfordert beim Anfänger eine gewisse Übung, denn das Kalkpulver, das, in einem Kürbisfläschen (poporo) mitgeführt, in sehr kleinen Dosen – etwa der einer Prise Salz entsprechend – in den Mund gebracht und dort mit den zerkauten Kokablättern vermischt wird, kann bei unsachgemäßer Anwendung zu Verätzungen der empfindlichen Mundschleimhäute führen. Bei den Paez-Indianern etwa ist es üblich, daß die Mutter ihren eigenen gekauten Koka-Priem ihrem Kind in den Mund steckt, nachdem sie die richtige Menge Kalk hinzugefügt hat.

Der Kokaklumpen wird dann im Zwischenraum zwischen Zähnen

und Wange ein bis zwei Stunden lang stillgehalten und dabei langsam gelutscht – man läßt den durch Speichel und Kalkreagenz freigesetzten Alkaloiden Zeit, in die Schleimhäute einzudringen.

Bei den Paez, berichtet Henman, wird der ausgelaugte Blätterklumpen nie einfach auf den Boden gespuckt, sondern sorgfältig in die Hand gelegt und dann in ein bebautes Feld geworfen oder mit beinahe religiöser Ehrerbietung auf einen nahen Baumstumpf oder Felsblock geschmiert, vorzugsweise in einem unbeobachteten Moment – vor allem, wenn gefährliche Rivalen oder gar Weiße in der Nähe sind: Rivalen könnten sich die Blätter widerrechtlich für die Zwecke aggressiven Zaubers aneignen, während Weiße die der Handlung innewohnende Magie allein durch ihre Anwesenheit beeinträchtigen – oder dadurch, daß sie sich, mit der ihnen eigenen Respektlosigkeit gegenüber fremden Kulturen, darüber lustig machen.

Gewöhnlich, wenn die chuspa – der Umhängebeutel für den Kokavorrat – gut gefüllt ist, verbraucht ein Indianer etwa 50 - 60 Gramm Blätter pro Tag. Aus Respekt vor der Koka achtet er stets darauf, daß er nie auch nur ein winziges Blatt zu Boden fallen läßt, wenn er sich eine frische Blätterportion in den Mund steckt. Bei Versorgungsengpässen kommt er auch mit einem Viertel dieser Menge aus: Anscheinend rufen – so folgert Henman, der entsprechende Selbstversuche durchgeführt hat – Kokain und die anderen Alkaloide, werden sie nach und nach fortgesetzt aufgenommen, wie es beim Kauen der Blätter geschieht, annähernd dieselbe Wirkung hervor, auch wenn man die Dosis auf ein Viertel der üblichen Menge reduziert: »In der Tat hängt das subjektive Bewußtsein der durch Koka hervorgerufenen Anregung oft von einem vorhergehenden Gefühl von Müdigkeit oder Mattheit ab. Insofern wird die Wirksamkeit der Alkaloide in einem größeren Maße vom biologischen und geistigen Zustand des Koka-Kauers bestimmt, als von den pharmakologischen Eigenschaften der Blätter selbst. Wenn dies zutrifft, dann ist klar, warum die genaue Dosierung der Droge weit weniger wichtig ist als die sozial und kulturell empfundene Notwendigkeit, Koka bei bestimmten Ritualen und Arbeiten zu kauen.«

Peruanische Forscher haben bereits in den vierziger Jahren argumentiert, daß im speziellen Fall des höhenbedingten Sauerstoffmangels, der auf einen großen Teil der Koka kauenden Bevölkerung zutrifft, die Wirkungsweise der im Blatt enthaltenen Alkaloide zur Anpassung des Menschen beitragen könne, indem es die Übertragung der Nährstoffe ins Blut beschleunigt. Eindeutig entspannt das Kokain die Bronchien in der Lunge, was das Atmen in verdünnter Atmosphäre bei Sauerstoffmangel erleichtert. Prof. Dr. Otto Nieschulz hat sich in den siebziger Jahren mit den Eigenschaften des Alkaloids Ekgonin befaßt – seine Wirkung besteht darin, daß es den Glukosespiegel im Blut des Koka-Kauers erhöht bzw. aufrechterhält. Auch die US-Wissenschaftler Roderick E. Burchard und Ralph Bolton befaßten sich mit diesem neuen Schwerpunkt in der Pharmakologie des Koka-Kauens: beide sind der Ansicht, weniger das den Hunger unterdrückende, die Kälteresistenz und Arbeitsfähigkeit steigernde Alkaloid Kokain sei ausschlaggebend, die entscheidende Funktion der Koka liege vielmehr in ihrer Wirkung auf den Glukosespiegel: »Das Kauen von Kokablättern hebt tatsächlich den Glukosespiegel des Blutes und mag in Wirklichkeit ein kultureller Mechanismus für die Regelung der Blutzuckerhomöostase sein« (Burchard). Sie betrachten den Gebrauch von Koka als ein kulturelles Anpassungsmittel an die Bedingungen des O-2-Defizits im Gewebe (Hypoxie), verursacht durch Sauerstoffmangel in großen Höhen, wie auch als ernährungsphysiologischen Ausgleich für eine kohlehydratreiche, aber an tierischem Eiweiß relativ arme Ernährung: »Koka verhindert vielleicht das schnelle Absinken des Blutzuckers, das typischerweise auf eine anfängliche Anhebung der Zuckerkonzentration nach kohlehydratreichen Mahlzeiten folgt« (Bolton). In einem Bericht über den Nährwert von Koka hat eine Gruppe amerikanischer Forscher zudem darauf hingewiesen, daß die Blätter bedeutende Mengen an Kalzium, Eisen, Phosphor, Vitamin A, Vitamin B-2 und Vitamin E enthalten – allesamt Stoffe, an denen es in der Nahrung der Andenbevölkerung mangelt.

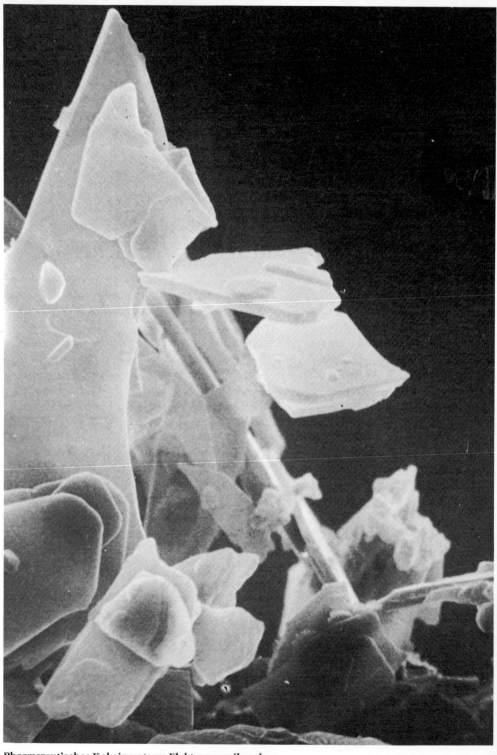

Pharmazeutisches Kokain unterm Elektronenmikroskop

II. DAS KOKAIN

Von Koka zu Kokain

Als anno 1859 die von einer Weltumsegelung zurückgekehrte österreichische Fregatte »Novara« in ihrem Heimathafen festmachte, hatte ein Doktor namens Scherzer, als er von Bord ging, ein Mitbringsel dabei, dessen stofflicher Aufbau alsbald enthüllt, dessen Alkaloid von der westlichen Welt mit exaltierten Lobeshymnen wie abgrundtiefer Verdammung aufgenommen werden sollte.

Einen Teil seines Koka-Ballens schickte Carl von Scherzer einem Kollegen nach Deutschland – an den Göttinger Professor Wöhler. An die Laborarbeit machte sich dann dessen begabter Assistent und Doktorrand, der junge Albert Niemann. er setzte den peruanischen Kokablättern organische Lösungsmittel zu und gewann so das »Cocain«.

Niemann notiert: Die Substanz kristalliert in großen farblosen vier- bis sechsseitigen Prismen des klinorrhombischen Systems; sie schmeckt bitter und ruft an Schleimhäuten Anästhie hervor; sie schmilzt bei 89 Grad Celsius, zerfällt beim Erhitzen in Salzsäure, in Benzoesäure, Methylalkohol und eine wenig studierte Base, das Ekgonin.

Kurz nach seinen entscheidenden Forschungen starb Niemann, sein Kollege Wilhelm Lossen hat in seiner 1862 publizierten Dissertation die chemische Formel des Kokains bestimmt. In den folgenden Jahren gelang es dann, auch die in den Kokablättern enthaltenen Nebenalkaloide zu analysieren.

Im Jahre 1862 begann die Darmstädter Pharma-Firma Merck mit der kommerziellen Produktion ihres kleinflockigen Cocainum hydrochloricum.

Kokablätter im Selbstversuch: Eine Konfrontation mit italienischem Temperament

1859 entschloß sich der Mailänder Neurologe Paolo Mantegazza, der bei seiner mehrjährigen ärztlichen Tätigkeit in Südamerika die Gewohnheiten der einheimischen Koka-Kauer beobachtet hatte, es ihnen einmal nachzutun, im Dienste der Wissenschaft. Er begann mit drei Tagesdosen von je drei Gramm Kokablättern.

Beim Kauen stellte er zunächst eine vermehrte Speichelsekretion und einen leicht bitteren Geschmack im Mund fest – danach spürte er im Magen ein Sättigungsgefühl wie nach einer gerade eingenommenen

Mahlzeit.

Als Dr. Mantegazza die Dosis auf das Dreifache erhöhte, registrierte er fieberähnliche Zustände, bei gleichbleibender Körpertemperatur; die Pulsfrequenz erhöhte sich von 70 auf 134 Schläge pro Minute. In diesem Stadium trat auch ein, was Mantegazza als Ausweitung des geistigen Horizonts, gesteigerte sensorische Offenheit und Gefühl vermehrter körperlicher und geistiger Leisutngsfähigkeit empfand – deutliche Veränderungen der psychischen Befindlichkeit. Er protokollierte, daß er im Kokarausch angeblich mit Leichtigkeit zu körperlichen Übungen imstande war, die ihm sonst nie gelungen wären. Diesem Exzitationsstadium folgte dann ein Zustand körperlicher Erschlaffung mit völliger psychischer Ausgeglichenheit, Zufriedenheit und innerer Ruhe. Bei noch höheren Dosen machten sich Sprachstörungen bemerkbar, er geriet in eine Art soporösen Zustand und berichtete später von wirren Halluzinationen, die nur selten schreckhaft, überwiegend heiterem Inhalt gewesen seien.

Unter Kollegen hat man dem Mailänder Doktor bis heute nicht verziehen, wie exaltiert, bar wissenschaftlicher Objektivität er sich über seine Erfahrungen zu äußern vermochte: »Von zwei Kokablättern als Flügeln getragen, flog ich durch 77.348 Welten, eine immer prächtiger als die andere... Ich ziehe ein Leben mit Koka einem Leben von einer Million Jahrhunderten ohne Koka vor.« Abgesehen davon empfahl der seinerzeit sehr bekannte und wissenschaftlich einflußreiche Mantegazza die Koka-Anwendung bei Zahnschmerzen, Verdauungsstörungen, Neurasthenie und einer Reihe anderer Leiden. Es waren therapeutische Indikationen, die, empfohlen von einem angesehenen Arzt, das ihre beitrugen zur Verbreitung einer Vielzahl von kokahaltigen Stärkemitteln und Arzneien, die sich schon bald allgemeiner Beliebtheit erfreuen sollten.

Angeregt durch die vom Blatt-Kauer Mantegazza 1859 in Mailand publizierte Abhandlung (»Über die hygienischen und medizinischen Vorzüge der Koka«), wandte sich im Jahre 1884 ein Dr. Freud, Secundararzt im k.k. Allgemeinen Krankenhaus in Wien, an die deutsche Pharmafirma Ernst Merck und kaufte für 1,27 Dollar ein Gramm Kokain.

In seinem Artikel »Ueber Coca«, der in der Juli-Nummer des Centralblatts für die gesamte Therapie erscheint, stellt Freud fest: »Die Wirkung, welche die Einnahme des Cocains auf den gesunden menschlichen Organismus ausübt, habe ich in wiederholten Versuchen an mir und anderen studiert und dieselbe in wesentlicher Uebereinstimmung mit der Wirkung der Cocablätter nach Montegazzas Schilderung gefunden.«

Bayern: Ein Reihenversuch an lebendem Material

Bei der kämpfenden Truppe hatte man längst Wind von der Sache: Schon 1883, im Jahr vor dem Selbstversuch in Wien, hatte der Würzburger Arzt und Pharmakologe Theodor Aschenbrandt an den Herbstmanövern eines bayerischen Armeekorps teilgenommen. Die Flut von Publikationen über angeblich heilsame, stärkende oder sonst die körperliche Befindlichkeit und Belastbarkeit günstig beeinflussende Wirkungen des Kokain hatte auch das Interesse militärischer Kreise geweckt.

Aschenbrandt verabreichte dabei die Droge in wäßrigen Lösungen von 0,1 bis 5 %iger Kokainkonzentration an Soldaten unter verschiedenen Belastungsbedingungen und bei unterschiedlichen Krankheitszuständen. Aus den seinerzeit aufsehenerregenden und gelegentlich (wenn auch mehr aus historischen Gründen) noch heute gelegentlich zitierten Aufzeichnungen des Doktor Aschenbrandt geht hervor, daß er u.a. schwerste körperliche Erschöpfungszustände, Schmerz- und Schwächezustände nach Verletzungen mit größerem Blutverlust, Darmstörungen wie Verstopfung und Durchfall mit seinen Kokaintinkturen angeblich sehr erfolgreich behandelt hat.

Coca, Koller, Frosch: Das perfekte Lokalanästhetikum

Nach dem, was er in amerikanischen Veröffentlichungen gelesen hatte, erhoffte sich Freud vor allem, mit dem Merck-Kokain seinem Freund Ernst von Fleischl-Marxow zu helfen: der medizinische Assistent hatte sich nach Amputation eines infizierten Daumens ein äußerst schmerzendes Neurom zugezogen; das zur Schmerzbetäubung verwendete Morphium hatte bei Fleischl schließlich zur Opiatsucht geführt.

Freud, interessiert an der weiteren Erforschung der physiologischen Wirkungen des Kokains, hatte auch seinen Kollegen, den Assistenzarzt Dr. Carl Koller – beide logierten im Wiener Allgemeinen Krankenhaus auf dem gleichen Flur – aufgefordert, mit dem neuen Stoff zu experimentieren.

Der zeigte ihn eines Tages seinem Kollegen Dr. Engel; ein paar Kristalle, von der Spitze seines Federmessers gekostet, ließen den Kollegen Engel staunen: »Wie das die Zunge betäubt!« »Gewiß«, entgegnete Koller, »diese Feststellung hat jeder seither gemacht, der es oral zu sich nahm.« In diesem Moment durchfuhr es den Ophthalmologen wie ein Blitz: hier war es doch! Das Lokalanästhetikum, nachdem er seit

Kokain-Reklame der Firma Merck, 1908

Albert Niemann:
Er isolierte 1860 das
Alkaloid Kokain

Carl Koller:
Der Wiener Arzt
lieferte 1884 als erster
den Nachweis der
lokalanästhesierenden
Eigenschaft
des Kokain

Jahren suchte! Dr. Koller schnappte sich sein Fläschen mit dem Cocainum hydrochloricum und eilte schnurstracks ins Labor.

Dort, mit Hilfe eines lebenden Frosches und einer Nadel, fand der 27jährige Arzt den eindeutigen Beweis: Nachdem er ein paar Tropfen Kokainlösung ins Auge des Frosches geträufelt hatte, berührte er in Sekundenintervallen das Froschauge mit der Nadel – der Frosch zuckte zusammen. Nach etwa einer Minute war es dann soweit: die Reflexe blieben aus. Der Frosch ließ die Augenreizung ohne jede Reaktion geschehen – doch nur bei dem kokainbetäubten Auge: berührte man das unbehandelte Auge, reagierte er mit den üblichen Reflexen.

Koller überprüfte denn die Wirkung bei einem Kaninchen und bei einem Hund, mit dem gleichen Resultat. Und schließlich setzte er sich vor einen Spiegel, träufelte sich die Kokainlösung selbst ins Auge, tippte sich mit einem Stecknadelkopf an die Hornhaut: kein Zweifel, er hatte ein veritables Lokalanästhetikum gefunden.

Am 15. September 1884 wurde sein Untersuchungsbericht auf einem Ärztekongress in Heidelberg vorgetragen. Für die Medizin war es eine revolutionäre Entdeckung, denn bisher hatte man bei Operationen eine Vollnarkose geben müssen – und in damaliger Zeit war eine Äther- oder Chloroformnarkose eine lebensgefährliche Sache. Das Kokain ermöglichte es nun, Schleimhäute völlig unempfindlich zu machen, endlich vermochte man nicht nur am Auge, sondern auch im Mund, in der Nase, in Hals und Kehlkopf zu operieren.

Weh dir, Prinzeßchen: Hoffnung und Euphorie des Dr. Freud

Freud hatte bei seinem ersten Test (»während einer leichten, durch Ermüdung hervorgerufenen Verstimmung«) 0,05 Gramm Kokain in Wasser gelöst und getrunken, und siehe da: »Wenige Minuten nach der Einnahme stellt sich eine plötzliche Aufheiterung und ein Gefühl von Leichtigkeit her.« Überhaupt wußte er Erstaunliches zu berichten: »Unter Personen, denen ich Coca gab, haben mir drei von heftiger sexueller Erregung, die sie unbedenklich auf die Coca bezogen, berichtet. Ein junger Schriftsteller, der nach längerer Verstimmung in den Stand gesetzt wurde, seine Arbeit aufzunehmen, verzichtete auf den Cocagebrauch wegen dieser ihm unerwünschten Nebenwirkung.«

Freud war überzeugt, daß Kokain »zur geistigen Arbeit stähle«, zudem sei es ein »weit kräftigeres und unschädlicheres Stimulans als der Alkohol«. Seine wissenschaftliche Beschäftigung mit der damals medizinisch noch kaum erforschten Droge Kokain markiert einen Wendepunkt in seinem Denken, nämlich den Übergang von der Physiologie zur Psychologie und Psychopathologie.

Er empfahl Kokain als Stimulanzmittel bei Zuständen körperlicher und geistiger Erschöpfung, bei Melancholie, Hypochondrie und katatonem Stupor, ebenso zur Entzugsbehandlung von zwei bekannten Geißeln der Menschheit: »Gleichzeitig mit der Anwendung gegen den Morphinismus wurde Coca in Amerika gegen chronischen Alkoholismus gegeben und meist unter Einem darüber berichtet«, resümierte er im Centralblatt: »Auch hier wurden unzweifelhafte Erfolge erzielt, die unwiderstehliche Trinklust aufgehoben oder gelindert, die dyseptischen Befunde der Trinker gebessert. Die Unterdrückung des Alkoholgelüstes durch Coca erwies sich im Allgemeinen schwieriger als die Morphiumsucht; in einem Falle, teilt Bentley mit, wurde aus dem Potator ein Coquero. Zu welcher ungeheuren nationalökonomischen Bedeutung als 'Sparmittel' in anderem Sinne die Coca gelangen würde, wenn deren Wirksamkeit zur Entwöhnung der Trinker sich bestätigte, braucht nur angedeutet zu werden.« Von nationalökonomischen Auswüchsen wie den Narco-Dollars der Medellin-Barone ein Jahrhundert später freilich war damals noch nichts zu erahnen.

»Weh dir, Prinzeßchen, wenn ich komme«, drohte er brieflich seiner Verlobten Martha Bernays in Hamburg, »ich will Dich küssen, bis Du ganz rot bist.« Und, so prahlte der exaltierte Verehrer weiter: »Wenn Du vorlaut bist, wirst Du sehen, wer der Stärkere ist, ein nettes kleines Mädchen, das nicht genügend ißt, oder ein großer wilder Mann, der Cocain in seinem Körper hat.«

Später schwor er ab, entdeckte das Unbewußte in des Menschen Seele und entwickelte die Psychoanalyse – als »die Ursucht« schlechthin erkannte er die Masturbation. Wie die Zeitläufe so spielen: Onanie ist mittlerweile kein Tabu mehr, Kokain streng verboten.

Die bittere Erfahrung, die ihm deutlich vor Augen führte, wie sehr er die Gefährlichkeit des von ihm erst so überschwenglich empfohlenen Mittels unterschätzt hatte, war der fatale Verlauf, den die Kokaintherapie bei seinem Freund, dem Morphinisten Fleischl, nahm – nach anfänglichen Erfolgen glaubten beide an einen durchschlagenden Erfolg dieser Therapie. Bald aber mußte Freud feststellen, daß sein Freund und Patient rückfällig geworden war und neben Morphium täglich enorme Kokainmengen konsumierte, die zu toxischer Psychose führten. Fleischl spritzte sich schließlich bis zu einem Gramm pro Tag und starb daran.

Verlangen und Furcht: Die Strafe folgte in fürchterlicher Gestalt

Nach den hoffnungsvollen ersten Erfahrungen in der medizinischen Anwendung machte sich bald Ernüchterung breit: Zwar wurden durch Kollers Entdeckung wichtige Fortschritte in der operativen Augen- sowie Hals-, Nasen- und Ohrenheilkunde erzielt. Vor unkritischem Umgang mit dem Stoff aber warnten ausdrücklich Louis Lewin und Albert Erlenmeyer, die sich in aufsehenerregenden Veröffentlichungen auch gegen Freuds These von der therapeutischen Eignung des Kokains zur Entzugsbehandlung von Opiatsüchtigen wendeten. »Die Strafe folgte in fürchterlicher Gestalt«, zürnte Albert Erlenmeyer drei Jahre nach Erscheinen von Freuds »Ueber Coca«, »aus dem Gebrauch wurde Mißbrauch, die zu Hilfe gerufenen Geister verwandelten sich in verderbenbringende Furien.«

Aber da hatte Freud längst seinen Irrtum eingestanden: in seinen »Bemerkungen über Cocainsucht und Cocainfurcht« versuchte er 1885 dem Vorwurf zu begegnen, er habe, neben Alkohol und Opium, »die dritte Plage über die Menschheit gebracht«. Der pathetischen Klage Erlenmeyers hält er entgegen, sämtliche Berichte über Kokainsucht und daraus resultierende Verschlechterung im Zustand des Patienten bezögen sich auf Morphiumsüchtige, Personen also, die, bereits in der Gewalt eines Dämons, so willensschwach, so anfällig seien, daß sie jedes dargereichte Stimulans mißbrauchen würden »und in der Tat mißbraucht haben«, siehe Fleischl. Er räumt ein: Da gebe es ein unberechenbares Element, durch das die Brauchbarkeit der Droge eingeschränkt werde. Den Grund dafür vermutete er in den individuellen Verschiedenartigkeiten in der Erregbarkeit und der unterschiedlichen Kondition der vasomotorischen Nerven, auf die das Kokain einwirkt.

Als im Laufe der Zeit die Gefährlichkeit des Stoffes hinsichtlich seiner toxischen Wirkung bekannt wurde, suchte man nach Substanzen mit den gleichen therapeutischen Eigenschaften, doch ohne die unerwünschten zentralnervösen Nebenwirkungen. Das 1899 erstmals synthetisch hergestellte Procain und seine zahlreichen synthetischen Nachfolger verdrängten in der Medizin dann weitgehend das Kokain – die starke gefäßverengende und zugleich lokal betäubende Wirkung des Kokains freilich hat keine der heute verwendeten Substanzen.

Immer noch eingesetzt wird Kokain bei Eingriffen an der Nase, am Rachen und am Kehlkopf; auch in der plastischen Chirurgie (vor allem der Nase) wird es nach einer Umfrage in den USA noch heute in beträchtlichem Umfang verwendet.

Bolivianische Kokapflanze (Konservatorium Mariani)

Die Wirkung auf den Körper

»Meinetwegen mag dein Gehirn, wie du behauptest, gespannt und angeregt werden, doch dies ist ein pathologischer, ein krankhafter Prozeß, der immer stärkere Veränderungen im Zellgewebe nach sich zieht und dessen Ende auf jeden Fall ständige körperliche Erschlaffung bedeutet.« Damit hat Dr. Watson, zu Koksfixer und Meisterdedektiv Sherlock Holmes »nicht nur als Freund zum Freund, sondern auch als Arzt« sprechend, die Sache gar nicht so schlecht getroffen.

Totschweigen würde sie sich nimmer lassen, Freuds »plötzliche Aufheiterung und ein Gefühl der Leichtigkeit wenige Minuten nach der Aufnahme« – aber ein Jahrhundert später legen z.B. Mediziner der Universität von San Francisco eine größere Studie vor, nach der Kokain-Konsum zu Sehstörungen und Schlaganfällen führen kann. Mindestens jeder zehnte von insgesamt 1212 Koksern, die im Verlauf von sieben Jahren wegen allgemeiner Beschwerden ins San Francisco Hospital kamen, zeigte Symptome neurologischer oder seelischer Störungen. Oft hatten Patienten durch Kokain ausgelöste Hirnblutungen erlitten, die zu Lähmungen führten.

Und davor?

Daß die Wirkung eintritt, merkt der Schnupfer an dem betäubenden Gefühl am Übergang von Nasen- zu Rachenraum, das sich mitunter über Nase und Gaumen ausbreiten kann. Der Stoffwechsel des Organismus wird angeheizt, es kommt zu einer Erhöhung des Blutzuckerspiegels, erhöhtem Muskeltonus, zur Erweiterung der Pupillen. Neben erhöhter Pulsfrequenz macht sich auch eine Beschleunigung der Atmung bemerkbar. Minuten, nachdem der Wirkstoff über die Nasenschleimhäute in den Blutkreislauf gelangt ist, überschwemmt er wichtige Gehirnregionen: die Großhirnrinde, die Verstand und Erinnerung steuert, Teile des Zwischenhirns (Appetit, Gefühle, Schlaf) und das Kleinhirn (motorische Aktivität).

Während etwa Koffein lediglich die Wachheit fördert, kann Kokain auch eine Beschleunigung der kognitiven Abläufe bewirken; beobachtet wurde auch ein schnelleres und genaueres Arbeiten im Konzentrationsbelastungstest. Ein verblüffender Assoziationsreichtum kann sich auftun: Vom Hundertsten ins Tausendste und weiter, immer weiter, es wird zur Ideenflucht, die Gedanken überschlagen sich, und da hört es dann auf mit der Konzentrationsfähigkeit.

Als »überlastete Telefonzentrale« sieht der New Yorker Neurologe Walter Riker das kokainisierte Nervensystem: »Es kann die hereinkommenden Nachrichten und Impulse nicht mehr normal verarbeiten, der Mensch wird hypererregt.« Im Gehirn greift die Droge in die Impulsübermittlung zwischen den einzelnen Nervenzellen ein, was zur Dauererregung ganzer Nervenregionen führt.

William S. Burroughs beschreibt sie 1956 im British Journal of Addiction als »anregendste Droge, die ich je genommen habe. Die Euphorie ist ganz auf das Hirn konzentriert. Vielleicht aktiviert die Droge direkt das Zentrum des Lustempfindens im Gehirn.«

Eine »erhebliche sexuell-stimulierende Wirkung« räumen Fachautoren wie Täscher/Richer (»Kokain-Report«) ein – wohlgemerkt bei einzelnen Dosen! Die Droge bewirkt eine Steigerung von Libido und Potenz, »der Eintritt des Orgasmus ist bei sexuellem Vollzug verzögert, aber nicht aufgehoben«. Langzeitgebrauch allerdings führt zu Impotenz, die oft mit sexuellem Desinteresse einhergeht.

»Das Verlangen nach Kokain kann sehr intensiv werden. Ich habe ganze Tage damit verbracht, von einem Drugstore zum anderen zu laufen, um ein Kokainrezept einzulösen. Man kann ein dringliches Verlangen nach Kokain haben, aber es ist keine Notwendigkeit für den Stoffwechsel. Wenn man kein Kokain bekommen hat, ißt man, legt sich schlafen und denkt nicht mehr daran. Ich habe mit Leuten gesprochen, die jahrelang Kokain nahmen und dann plötzlich nichts mehr bekamen. Keiner litt an Entzugserscheinungen«, ist in dem Erfahrungsbericht von William S. Burroughs zu lesen.

Da Kokain, anders als Opiate und Alkohol, nicht vom Stoffwechsel aufgenommen wird, führt es nicht zur physischen Abhängigkeit, zur körperlichen Sucht. Hingegen ist die psychische Abhängigkeit beim Dauergebrauch von Kokain besonders stark ausgeprägt: »Das Nichtmehr-aufhören-Können«, so der Baseler Psychiater Dieter Ladewig, sei hier »das entscheidende Kriterium«.

Die Ärzte unterscheiden drei Kategorien: Da ist einmal der »social-recreational user«, der gelegentliche Freizeit-Sniffer, der offenbar die Mehrheit der Konsumenten ausmacht: es sind Leute, die beim Zusammensein mit Freunden oder Bekannten ein oder zwei Linien Koks reinziehen. Eine zweite Kategorie sind die »situation user«, die den Stoff in besonderen Fällen zur Leistungssteigerung oder auch zur Beseitigung depressiver Stimmungen einsetzen. Der hohe Schwarzmarktpreis der Droge (250–300 DM pro Gramm) mag dazu beitragen, daß von den Gelegenheitstätern nicht mehr in die dritte Kategorie vorstoßen: die der regelmäßigen Konsumenten, die mehrmals am Tag ihr Kokain schnupfen (oder gar spritzen), in der Woche fünf Gramm und mehr.

Der Haken an der Sache ist, daß sich die (durch moderate Einzeldosen hervorgerufene) euphorisierende Wirkung des Kokains durch ständige Zufuhr nicht auf Dauer halten läßt. Ganz im Gegenteil – bei massivem Dauergebrauch lassen die erwünschten Wirkungen schon bald nach und sind auch mit erhöhten Dosen nicht mehr herzustellen; die unerwünschten toxischen Effekte nehmen zu. Folgen: durch stetige Reizung der Nasenschleimhaut Geschwürbildung; Leberschäden, gar Gelbsucht; körperlicher Verfall und allgemeine Abwehrschwäche; im psychischen Bereich Konzentrations- und Antriebsstörungen, Paranoia, Psychosen und eine Umformung des Persönlichkeitsgesamts, die sich wahrscheinlich auf hirnorganische Grundlage ausbildet.»Das Endstadium«, so Professor Helmut Coper, Direktor des Instituts für Neuropsychopharmakologie an der FU Berlin, »ist gekennzeichnet durch erschütternde Bilder körperlichen und seelischen Verfalls.«

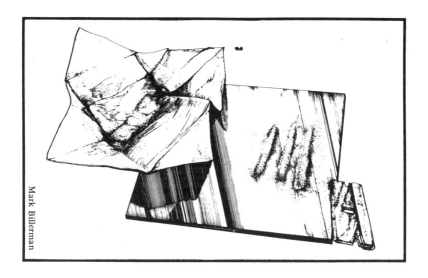

Mark Billerman

"Mariani Bottle" showing Shape and Label.

"Mariani Bottle" showing Outside Wrapper.

We are justified in saying:
Never has anything been so highly recommended and every trial proves its excellence.

Size of Regular Bottle, half litre (about 17 ounces).

Never sold in bulk—to guard against substitution.

VIN MARIANI

Nourishes - Fortifies
Refreshes
Aids Digestion - Strengthens the System.

Unequaled as a tonic-stimulant for fatigued or overworked Body and Brain.

Prevents Malaria, Influenza and Wasting Diseases.

We cannot aim to gain support for our preparation through cheapness; we give a uniform, effective and honest article, and respectfully ask personal testing of **Vin Mariani** strictly on its own merits. Thus the medical profession can judge whether **Vin Mariani** is deserving of the unequaled reputation it has earned throughout the world during more than 30 years.

Inferior, so-called Coca preparations (variable solutions of Cocaine and cheap wines), which have been proven worthless, even harmful in effect, bring into discredit and destroy confidence in a valuable drug.

We therefore particularly caution to specify always " VIN MARIANI," thus we can guarantee invariable satisfaction to physician and patient.

III. DAS GOLDENE ZEITALTER DER PATENTMEDIZIN

Wie Coca Opernstars, Flugpioniere und selbst den Papst begeistert

In Europa wie in Amerika machten sich alsbald die geschäftstüchtigen Unternehmer der aufblühenden Patientenheilmittel-Industrie an die Vermarktung der neuen Droge – in Form von mit Kokain angereicherten Tees und Weinen, Tabletten und Salben, Kaugummis und Zigaretten. Die Präperate wurden mal als »verläßliches Aphrodisiakum« angepriesen, mal als Heilmittel gegen Asthma, Vaginismus, Durchfall, Neuralgie oder Seekrankheit.

Keiner war indessen bei der Vermarktung des Kokains in verbraucherfreundlicher und gefälliger Form so erfolgreich wie der in Paris lebende Angelo Mariani. Der gebürtige Korse, der einer Familie von Gelehrten, Ärzten und Chemikern entstammte, studierte in Paris Pharmazie, just zu der Zeit, als die allgemeine Coca-Euphorie begann. Und der Traum des Studiosus war es, eine ganz besondere Spezialität zu entwickeln. Er experimentierte eine Weile herum und brachte schließlich 1863 unter dem Namen Vin Tonique Mariani einen Coca-Wein auf den Markt – ein edles Produkt, das sich Mariani auch bald patentieren ließ. Es bestand aus erlesenem rotem Bordeaux, der mit einem Extrakt aus sorgfältig ausgewählten frischen Kokablättern versetzt war.

Den ersten Erfolg seines Produktes verdankte Mariani einem gewissen Dr. Charles Fauvel. Der bekannte Pariser Arzt, ein Spezialist für Halskrankheiten, hatte sich mit Mariani angefreundet. Die meisten seiner Patienten waren Opernstars, und Dr. Fauvel, der bereits die Vorzüge des Kokains bei der Behandlung der Pharynxkrankheiten gerühmt hatte und es als »le tenseur par excellence des chordes vocales« lobte, war überzeugt, der Coca-Wein würde seine lindernde, erholsame Wirkung auf die streßgeplagten Stimmbänder seiner Klienten nicht verfehlen. Kein Wunder also, daß er eines Tages einen seiner Patienten zu Mariani schickte. Der Opernsänger kostete von Marianis neu entwickelter Spezialität, zeigte sich begeistert und orderte auf der Stelle ein Dutzend Flaschen Coca-Wein. Der Korse begann nun mit der Produktion, hatte dank Fauvels Empfehlungen bald einen treuen Kundenkreis unter den Pariser Opernstars und eröffnete einen kleinen Apothekerladen, in dem er ausschließlich seinen Coca-Wein verkaufte.

Das Produkt erfreute sich in den Künstler- und Intellektuellenzirkeln der Stadt steigender Beliebtheit, vor alllem in der Subkultur der Dekadenten, unter denen auch der Gebrauch von Äther und Morphium verbreitet war. In den neunziger Jahren dann fand Marianis Wein zunehmend in ganz anderen Kreisen Anklang: auch politische und theologische Würdenträger lernten nun die Vorzüge des Coca-Tonikums schätzen. Der Kirche liefen in jenen Jahren in Scharen die Gläubiger davon; die Bourgeoisie war durch die Erfahrungen der Pariser Commune erheblich verunsichert, und während sich das Jahrhundert seinem Ende zuneigte, machte sich in allen gesellschaftlichen Schichten ein banges Unbehagen bemerkbar – als stünde das Ende der Zivilisation zu befürchten, das Heraufdämmern eines neuen Jahrtausends, in dem die Engel der Apokalypse abgelöst wurden durch die Schreckgespenster des Sozialismus, des Moloch Maschine oder der Gelben Gefahr. Die Dreyfusaffäre trug das ihre dazu bei, das allgemeine Unbehagen zu schüren; und der Kampf der Dreyfus-Sympathisanten um die Rehabilitierung des 1894 in einem zweifelhaften Verfahren wegen angeblichen Verrats von Militärgeheimnissen an Deutschland zu lebenslanger Verbannung Verurteilten wurde zum innenpolitischen Machtkampf der bürgerlichen Mitte und Linken gegen die Rechtsparteien. Prominente Persönlichkeiten auf beiden Fronten, darunter Anatole France, Emile Zola, Manuel Prevost und Henri Rochefort, gönnten sich zur Erfrischung gern ein Gläschen Mariani-Wein...

Auch in Sachen Werbung zeigte sich Angelo Mariani innovativ, hierzu kam es indes eher zufällig: Die begeisterte Prominenz, angetan von der belebenen Wirkung des Coca-Weins, revanchierte sich mit überschwenglichen Dankesschreiben, die Weinfabrikant Mariani dann geschickt zu Werbezwecken einzusetzen wußte. Im Jahre 1895 ließ er die erste Ausgabe seiner »Les Figures Contemporaires« drucken – mit Kupferstich-Porträts berühmter Kunden, einer kurzen Biographie und den persönlichen Dankesworten, oft auch einem Gedicht oder einem Stück Prosa, das sie ihm spontan gewidmet hatten. Der Erfinder Thomas Edison, der Bildhauer Auguste Rodin, Schriftsteller wie Jules Verne, Alexandre Dumas und H. G. Wells, die Schauspielerin Sarah Bernhardt, Frederic Auguste Bartholdi, Architekt und Erbauer der New Yorker Freiheitsstatue – sie alle ließen sich vom Vin Mariani beflügeln. Ja, selbst der Flugpionier Louis Bleriot, der anno 1909 als erster mit einem von einem 25-PS-Motor angetriebenen Eindecker den Kanal zwischen Calais und Dover überflog, bekannte: »Ich habe mir vorsorglich ein kleines Fläschen Mariani eingesteckt, und es war mir eine große Hilfe. Seiner belebenden Wirkung verdanke ich die Kraft zur Überquerung des

Angelo Mariani

...und die Konkurrenz: kokainhaltige Produkte in den USA

THE DUAL PURPOSE CONFECTION
COCALET
WITH
COCA LEAF EXTRACT
FOR A SWEET TOOTH OR A TOOTHACHE
DISTRIBUTED BY BEN BLUE & CO.

EXHILARATING! NOURISHING!

Cocalac.

COCALAC is a combination of Coca and the Cereal Lacto-Phosphoids.

DOSE.—*One tablespoonful three times a day, or oftener, as indicated.*

☞ Stimulation without Reaction.

☞ COCALAC is a scientific blending of Coca with the Lacto-Phosphoidal principle of wheat and oats; it is a fine TONIC and NUTRITIVE, *being capable of sustaining life without any other food or drink*, and therefore valuable for the convalescing, dyspeptic, or nervous patient. *It is also delicious to the taste and* ACCEPTABLE *to the stomach.*

BATTLE & CO., Chemists,
ST. LOUIS.

Cases, and mention this JOURNAL.

Kanals.«

Auch der Heilige Stuhl sparte nicht mit Lob, gehörten doch zwei Päpste zum vornehmen Kundenstamm Marianis. Leo XIII. ließ Mariani in seinem Schreiben vom Januar 1898 durch seinen Kardinal Rampolla wissen: »Seine Heiligkeit hat mich gnädigst beauftragt, in seinem Heiligen Namen Monsieur Mariani seinen Dank auszusprechen, und ihm seine Dankbarkeit in einer ganz besonderen Weise zu bekunden. Seine Heiligkeit geruht, Monsieur Mariani eine Goldmedaille zum Geschenk zu machen, die sein ehrwürdiges Wappen zeigt.« Auch Queen Victoria von England stärkte sich übrigens mit dem Erfrischungstrank Haupt und Glieder. Und beide Kokainfreunde erreichten ein biblisches Alter: Victoria wurde 82, Leo sogar 93.

In seiner 1901 erschienenen »History of Coca« beschreibt der New Yorker Arzt Dr. W. Golden Mortimer das Mariani-Labor in Neuilly am Ufer der Seine, zu dem ausgedehnte Gewächshäuser gehörten, in denen Mariani an Tausenden von Cocapflanzen die Eigenheiten ihres Wachstums ud ihrer Kultivierung studierte. Seine prächtigen Salons waren verschwenderisch mit Inka-Relikten und indianischem Kunsthandwerk ausgestattet.

Wie es heißt, war Mariani in den achtziger Jahren zum größten europäischen Importeur von Kokablättern avanciert. Er machte sich mit zahlreichen Veröffentlichungen (darunter das Standardwek »Coca und seine therapeutische Anwendung«) einen Namen in der Fachwelt und wurde von Insidern in Amerika wie Europa als bester Kenner der Chemie der Coca gefeiert.

Things go better with Coke

Anno 1886, im gleichen Jahr, als Conan Doyle erstmals seinen Meisterdetektiv Sherlock Holmes (der bekanntlich seinem Scharfsinn mit Kokain-Injektionen auf die Sprünge half) der Welt präsentierte, im gleichen Jahr, als im Hafen von New York die Freiheitsstatue enthüllt wurde, kreierte in Atlanta im US-Bundesstaat Georgia der Apotheker John Styth Pemberton – der bereits mit seinen Triplex Liver Pills, seinem Globe of Flower Cough Syrup, seinem Indian Queen Hair Dye und ähnlichem reüssiert hatte – ein aus Zuckersirup, Wasser und einem Extrakt aus Kokablättern und der Kolanuß gebrautes Elixier, für das er noch keinen Namen wußte.

Eigentlich hatte er ein Mittel gegen Kopfschmerz entwickeln wollen, und zuerst mit einer Cocawein-Variante experimentiert. Angelo Marianis Produkt – oft kopiert, doch nie erreicht – fand seinerzeit in den USA reißenden Absatz, und bis zur Jahrhundertwende sollten amerikanische Nachahmer noch mehr als hundert Sorten Coca-Wein auf den Markt bringen. Drogist Pemberton hatte den Trend erkannt und im Frühjahr 1885 seinen French Wine of Coca – Ideal Tonic (eingetragenes Warenzeichen vom 19. Mai 1885) präsentiert. Der erhoffte Erfolg aber wollte sich nicht einstellen.

Die Alkoholbasis war ein Fehler, gerade in Atlanta. In seinem Experimentier-Eifer hatte er übersehen, daß sich die Abstinenzlerbewegung des ländlichen Südens ausgerechnet Atlanta zum Angriffsziel erkoren hatte. Und im Laufe des Jahres 1885 wurde dann im Bundesstaat Georgia eine Verfügung erlassen, nach der jeder Verwaltungsbezirk auf Antrag eines Zehntels der Wahlberechtigten eine Volksabstimmung über das Alkoholverbot abhalten durfte. Bald darauf war Atlanta die erste größere Stadt in den USA, die »trockengelegt« wurde; den Brennereien, Brauereien und Kneipenwirten wurde eine Gnadenfrist von sieben Monaten eingeräumt, um ihre Lager aufzulösen und dichtzumachen.

Nun, ein Jahr nach seinem Flop mit dem Coca-Wein hatte Pemberton dann den Sirup eines alkoholfreien »Temperenzler-Tranks« parat. Kokain war ja seinerzeit in den USA ein beliebtes Mittel zur Behandlung von chronischem Alkoholismus – diese Ingredienz behielt er bei. Neu hinzu fügte er, neben ätherischen Ölen zur Geschmacknuancierung, einen Extrakt der koffeinhaltigen Kolanuß – ein altbewährtes Hausmittel gegen Kater, dem obendrein nachgesagt wird, es bewirke einen Abneigung gegen Alkohol.

Am Samstag, dem 8. Mai 1886, machte sich Pemberton mit einem Kanister voll Sirup auf den Weg zu Jacob's Pharmacy. Dort wandte er sich an Willis E. Venable, der Chef des Mineralwasserausschanks, der sich an der einen Seite des Drugstore hinzog – der Schanktresen war mit seinen siebeneinhalb Metern Länge der imposanteste in ganz Atlanta, – und lud ihn ein, sich eine Portion von dem (noch namenlosen) rotbraunen Sirup einzugießen, das Glas mit Leitungswasser aufzufüllen und den neuen Drink zu kosten. Der Geschmack sagte Venable zu, und er willigte ein, das Getränk an seinem Tresen auszuschenken.

Nun mußte nur noch ein Name für Pembertons Produkt gefunden werden. Bei einer Diskussion unter den Teilhabern seiner Pemberton Chemical Company kam Frank Robinson, der Buchhalter, auf den Namen Coca-Cola Sirup and Extract (nach den beiden Hauptbestandteilen, Kokablat und Kolanuß) und schlug auch gleich vor, den Namen in der Spencerian Script zu schreiben, einer damals populären Schreib-

Das erfrischende Getränk mit dem gewissen Etwas: Coca-Cola-Werbung aus den Anfangsjahren.
Links oben: Wanduhr aus dem Jahre 1893;
rechts oben: Anzeige Pembertons von 1886;
unten: Zeitschriftenanzeige aus dem Jahre 1904

schrift. Dieser Schriftzug blieb bis heute unverändert.

Eigentlich hatte sich Pemberton ja nicht vorgestellt, daß sein Brain Tonic einfach an der Theke neben Mineralwasser und Limonade zum Verkauf gelangen würde. Auch wenn dieser Gedanke ein wenig herabwürdigend war, setzte er doch voll ganz auf diese neue Verkaufsmethode.

Eine nicht unwesentliche Verbesserung des Getränks ist einem frühen Kunden zu verdanken – von dieser Episode existieren verschiedene Versionen. Eine davon besagt, daß gegen Ende dieses ersten »trockenen« Sommers (seit 1. Juli waren in Atlanta alle Kneipen dicht) ein von Kopfschmerz geplagter Kunde an den Tresen in Jacob's Pharmacy kam und ein Glas Coca Cola verlangte. Wie es der Zufall wollte, hatte der Verkäufer gerade die Sodawasserflasche in Reichweite – Der Leitungswasserhahn befand sich am anderen Ende der langen Theke. Er schlug also vor, Sodawasser zu verwenden. Dem ungeduldigen Kunden war es recht: und mit Sodawasser, so fand der Kunde nach den ersten Schlucken, schmecke ihm das Elixier eindeutig besser als mit Leitungswasser. Das Beispiel machte Schule, und bald darauf wurde die Gebrauchsanweisung auf den Etiketten entsprechend abgewandelt: der Sirup, war von nun an mit Sodawasser zu mischen.

Im Laufe dieses ersten Jahres verkaufte Pemberton gerade 95 Liter seines rötlichbraunen Sirups, ausreichend für 3.200 Drinks. Das brachte ihm runde 50 Dollar ein, der umtriebige Apotheker aber investierte im gleichen Zeitraum 74 Dollar allein in Werbung – als hätte er's geahnt, daß sein stimulierendes Tonikum später einmal als Synonym für Erfrischung, gar als Symbol für Unternehmergeist schlechthin seinen Siegeszug um die ganze Welt antreten sollte, wenn auch in leicht abgewandelter Form...

Pemberton teilte wohl die Experimentierfreude Marianis, in geschäftlichen Dingen indessen war er weit weniger geschickt als sein Kollege in der Alten Welt.

Zwar konnte er im folgenden Jahr bereits 3.800 Liter seines Coca Cola Sirups absetzen, doch sein sich rapide verschlechternder Gesundheitszustand, seine Schulden und der Mangel an finanziellen Mitteln, um seinen Trank durch Werbung weiter bekannt zu machen, zwangen ihn, die Herstellungs- und Vertriebsrechte seines Produktes zu verkaufen. Nach einigem Hin und Her wurde ein gewisser Asa Griggs Candler für 2.300 Dollar Besitzer von Sirup-Formel und Inventar; 1892 gründete Candler die Coca Cola Company, zwei Jahre später wurde Coca Cola zum ersten Mal trinkfertig in Flaschen verkauft.

Kokain für 2,50 Dollar die Unze, rezeptfrei im Drugstore

Reines Kokain wurde in den Us-Drugstores jener Zeit für 2,50 Dollar die Unze verkauft, rezeptfrei. Bevorzugt geschnupft wurde es von der schwarzen Bevölkerung in den Großstädten und in den Südstaaten der USA – von Fabrik- und Farmarbeitern und von Arbeitslosen. Der anständige Bürger, der sich und anderen nicht eingestehen wollte, daß er regelmäßig Kokain, Opium oder Alkohol zu sich nahm – was sich schwerlich verheimlichen ließ, wenn er in aller Öffentlichkeit in einer Kneipe trank oder im Drugstore an der Ecke sein Kokain oder Opium erstand – , mußte nur das passende Patentheilmittel kaufen.

Gleichermaßen verbreitet in Städten mit und ohne Alkoholverbot war der »Whiskey mit Schuß« (d.h. mit Kokainpulver), in Gegenden mit strengem Alkoholverbot pflegte man sich eine Portion schwarzgebrannten Schnaps in sein Glas voll schäumendem Abstinenzlertrank zu kippen, eingeschworene Abstinenzler hatten nicht selten die Angewohnheit, ihr Coca-Cola noch mit einer kräftigen Prise Kokain zusätzlich aufzupeppen.

Der hemmungslose Umgang mit dem weißen Pulver führte schließlich dazu, daß Zeitungen die »geistige Zerrüttung und die moralische Perversion des Kokain-Exzesses« anprangerten. Sensationsblätter im Norden druckten zunehmend Schauergeschichten aus dem Süden, wo Kokain-enthemmte Schwarze angeblich weiße Frauen vergewaltigten: Das Schreckgespenst vom schwarzen coke friend, der sich unter Rauschgifteinfluß zum gewalttätigen Ungeheuer wandelt, dem das Kokain übermenschliche Kräfte verleiht, entsprach dem Zeitgeist (Segregation, Lynchmorde), war immer für eine Schlagzeile gut und nistete sich auf diese Weise im öffentlichen Bewußtsein ein. »Kugeln , die ihn an lebenswichtigen Körperteilen treffen, die jeden normalen Mann tot umfallen ließen, können dem friend nicht Einhalt gebieten, stoppen ihn weder in seiner Raserei noch schwächen sie seine Attacken« – so die Erfahrung von Polizeichef Lyerly aus Asheville, North Carolina. Laut New york Times vom 8.Februar 1914 feuerte der Chef mit seinem schwerem Armeerevolver (»groß genug, um jedes Wild in Amerika niederzustrecken«) direkt ins Herz eines schwarzen coke friend, »und es ließ ihn nicht einmal taumeln«.

Unter der Last des Wiederaufbaus nach dem Bürgerkrieg lechzte man im landwirtschaftlich orientierten Süden nach einer moralisch politischen Reform, man schwor auf harte Arbeit, den sauberen Dollar und, natürlich, die Bibel. Die Erweckungshysterie der Fundamentalisten-Prediger (»Jede Kneipe ist ein Rekrutierungsbüro für die Hölle«) war schon erfolgreich gegen den Alkohol zu Feld gezogen; um die Jahrhundertwende dann sah es ganz so aus, als würde auch der Abstinenzler-Trank Coca Cola per Gesetz verboten – zumindest im US-Bundesstaat Virginia, wo ein Arzt behauptet hatte, einer seiner Patienten sei durch den Genuß von Coca-Cola in den Selbstmord getrieben worden. Es gab Berichte von anderen Todesfällen, die auf die sogenannte »Coca-Cola-Sucht« zurückgeführt wurden, bei einer eingehenden Untersuchung freilich stellte sich heraus: alle Opfer hatten ihr Coke mit Alkohol und bzw. oder anderen Drogen gemischt.

Während sich die Auseinandersetzung um Kokain zuspitzte, geriet auch der Abstinenzler-Trank immer mehr in die Schußlinie. Die Coca Cola Company trat den Angriffen entgegen, indem sie staatliche Chemiker und Inspektoren einlud, Ingredenzien und Herstellungsverfahren zu untersuchen. Ein amtlicher Prüfer, Dr. Charles A. Crampton, sagte aus, daß er das Vorhandensein von Kokain im Sirup festgestellt habe. Alle Untersuchungen kamen indessen zu dem Resultat, daß Coca Cola auf keinen Fall suchterzeugend sei, daß es weniger Koffein enthalte als eine durchschnittliche Tasse Kaffee oder Tee, daß es gesund sei und in einigen Fällen sogar heilsam.

Im Jahre 1902 aber sorgte auch Dr. Harvey W. Wiley für Aufsehen, Chefchemiker im Landwirtschaftsministerium, der sich als Beamter der Bundesregierung für eine neue Gesetzgebung auf dem Lebensmittelsektor stark machte. Auch die allseits beliebten Patentheilmittel wollte er unter die Lupe nehmen: in einem eigens eingerichteten, mit Bundesmitteln finanzierten Labor sollten ihre Ingredenzien untersucht und festgestellt werden, was es mit ihrem Anspruch als Heilmittel auf sich hatte.

Dr. Wiley kam nicht umhin, sich auch mit Coca Cola zu befassen: ein Anwaltsteam der Company, die in der Vergangenheit stets die besonderen Eigenschaften (Werbeslogan noch 1893: »Specific for Headache«) ihres Produkts herausstrich, brachte es immerhin fertig, ein Geschworenengericht davon zu überzeugen, daß es mittlerweile lediglich als Erfrischungsgetränk verkauft werde, punktum. Dr. Wiley aber beharrte darauf, daß ein Getränk, daß Koffein oder gar Kokain enthielt, nicht als »soft drink« verkauft werden dürfe. Eine schon deshalb gefährliche Täuschung, weil dieses alkoholische Getränk auch Kindern und Jugendlichen zugänglich war – Wiley bezeichnete die Coca Cola Company als »Rauschgifthändler« und bekam Rückendeckung von der New York Tribune, die in ihrer Ausgabe vom 21. Juni 1903 die Ansicht vertrat,

SEPTEMBER 29, 1913

10 KILLED, 35 HURT IN RACE RIOT BORN OF A COCAINE "JAG"

Drug Crazed Negroes Fire on Every One in Sight in a Mississippi Town.

THREE WHITE MEN AMONG THE DEAD

One of Brothers Who Started Sh...

COCAINE MAY HAVE CAUSED IT

Dr. Stickney, Charged with the Theft of a Ring, an Inmate of a Home for Habitues.

VICTIM OF A NERVOUS DISE...

DEMAND COCAINE AT ANY PRICE

Condition of South Manchester, Conn., a Town Whose Residents Generally Are "Fiends."

WILL HAVE DRUG OR...

Common Than the Tobacco Habit, Its Victims Are Marked by Physical Decay.

WHOLE TOWN MAD FOR COCAINE.

Most Prominent ...chester, Con... General ...

NEW YORK HERALD, JANUARY 8, 1897

TOWN AROUSED AGAINST A DRUG.

Beneficial Results of the Herald's Exposure of the Cocaine Habit in Manchester, Conn.

PARENTS DID NOT KNOW IT.

SLAVES TO DRUGS.

Cocaine and Morphine Claim Thousands of Victims Right Here in New York.

DRUGS EASY TO GET.

How One of the Physician's Best Servants Becomes a Most Terrible Master.

IT WORKS WELL AT FIRST.

COCAINE MADE HIM A BURGLAR.

Craving for Money to...

FEBRUARY 23, 1928

60 PER CENT OF ALL VIOLENT CRIMES TRACED TO COCAINE

Underworld's Pet Drug Makes Youths Into Thugs and Slayers; Stealthy Narcotic Most Noxious for Trapping Boys and Girls.

By WINIFRED BLACK

COCAINE, BROUGHT TO U.S. AS BLESSING, SOON A CURSE

Addict Army Here Grew Rapidly as "Glorious Discovery" of 35 Years Ago Was Bored for Base Uses and Became Ally of C...

By WINIFRED BLACK

die Stadt sei von der Bedrohung durch Kokain »besonders betroffen«, und ein gerichtliches Vorgehen gegen den Verkauf eines Getränkes verlangte, »das in Atlanta hergestellt wird und unter dem Namen Coca Cola bekannt ist«.

Ohne es an die große Glocke zu hängen, beschloß die Coca Cola Company, offenbar noch im selben Jahr, das belebende Alkaloid Kokain aus ihrem Coke-Rezept zu streichen. Fortan wurden nur noch entkokainisierte Kokablätter verwendet.

Die Anti-Kokain-Liga

Zwischen 1859 und 1903 hatten die Produzenten der verschiedensten frei verkäuflichen Patentmedizin-Präparate ihren Umsatz verzwanzigfacht. Als sich nun auch in der amerikanischen Ärzteschaft mehr und mehr die Erkenntnisse von Robert Koch und Louis Pasteur durchzusetzen begannen – daß ein Mediziner mehr tun konnte, als nur euphorisierende Patentmittel zu verschreiben, daß er den Auslöser einer Krankheit dingfest machen und sie gezielt abhandeln konnte –, das führte das neue intellektuelle Selbstbewußtsein unter anderem zu der Überzeugung, daß einzig und allein ein ausgebildeter Arzt dazu berechtigt sei, ein Medikament zu verordnen. Nun, da ihnen dieses Monopol als notwendiges und wünschenswertes Ziel vor Augen stand, mußten die Ärzte die Öffentlichkeit davon überzeugen, daß jegliche Selbstbehandlung unerwünscht und ungesund sei. Die amerikanischen Bürger indessen hatten ihre diversen Opium, Morphin, Heroin, Kokain und Alkohol enthaltenden Patenmittelchen liebgewonnen.

Die US-Ärzteschaft aber hatte einen mächtigen Verbündeten: »Ist es denn nicht für jeden klar erkennbar«, so ein Sprecher auf dem Kongreß der American Pharmaceutical Association im Jahre 1893, »daß die Patentmittel-Industrie einer unserer größten Feinde ist, daß sie im ganzen Land Millionenumsätze macht und damit Einkünfte dem Markt entzieht, die rechtmäßig dem durch ärztliche Verschreibung geregelten pharmazeutischen Einzelhandel zustehen?« Da mochte auf lange Sicht etwas dran sein, aber seine Kollegen wußten ja aus eigener Erfahrung sehr gut, daß die Umsätze eines Apothekers zu einem beträchtlichen Teil aus dem Verkauf von Patentmedizin kamen. Bei den Ärzten war die Lage ähnlich, und finanzierten sich die Ärzte-Journale nicht zum überwiegenden Teil durch Werbeanzeigen der Patentmedizin-Hersteller?

Durch die Mobilisierung der Presse, die neben hygienischen Mängeln in der Lebensmittelindustrie auch betrügerische Praktiken unter den

Herstellern von Patentheilmitteln aufdeckte und anprangerte, wurde der schockierten Öffentlichkeit die Notwendigkeit einer entsprechenden Gesetzgebung nähergebracht, und im Jahre 1906 verabschiedete der Kongreß den Pure Food and Drug Act. Von nun an mußten auf der Verpackung genaue Angaben über die Zusammensetzung des Produktes gemacht werden. Zugleich wurde die Verschreibungspflicht kokainhaltiger Mittel eingeführt und jeder Verkehr mit der Droge außerhalb des medizinischen Bereichs verboten.

Daraufhin wurde auch dem Vin Mariani seine entscheidende Zutat entzogen; die New Yorker Niederlassung von Mariani & Company wies nun in Anzeigen (»VON MARIANI NOT A COCAINE PREPARATION«) unter Verweis auf Analysen hochangesehener Chemiker nachdrücklichst darauf hin, daß ihr Wein kein Kokain enthalte und somit den gesetzlichen Bestimmungen entspreche, erklärte jede anderslautende Behauptung zur geschäftsschädigenden Verleumdung und ging sogar soweit, »eine Belohnung von 1.000 Dollar auszusetzen für Informationen, die zur Festnahme und Verurteilung jeglicher Personen führen, die bösartige Unwahrheiten, verunglimpfende oder diffamierende Gerüchte verbreiten in der Absicht, die seit jeher über jeden Zweifel erhabene Reputation unseres Hauses oder die Integrität des Vin Mariani zu diskreditieren«.

IV. La chispa de la vida – DIE DUBIOSE KARRIERE DES KOKAIN

Aus der Traum?

Zwar hatten in den letzten Jahren immer mehr US-Bundestaaten den Umgang mit Kokain gesetzlich reglementiert und unter Rezeptpflicht gestellt, und gewiß ging nach dem Pure Food & Drug Act die Zahl der Kokainkonsumenten in den USA, vor allem unter der schwarzen Bevölkerung, stetig zurück. Spätestens aber nach dem 1914 in Kraft tretenden Harrison Act, dem ersten Anti-Drogen-Gesetz auf Bundesebene, war Koksen mit dem Ruch des garantiert Verbotenen geadelt. Im Hollywood des Jahres 1916 wurde das sich dort etablierende neureiche Filmvolk von dem durchreisenden Schriftsteller, Alpinisten und Drogenexperten Aleister Crowley als »Horde von koksbesessenen Sexualmanikern« bezeichnet. Neu im Kino: »The Mystery of the Leaping Fish« mit Douglas Fairbanks als Detektiv Coke Ennyday. Bei Ermüdungserscheinungen, so Kenneth Anger in seiner Skandalchronik »Hollywood Babylon«, habe man in tinsel town stets eine Prise 'joy powder' in Reichweite gehabt, und es habe sich in der Tat sehr schnell ein manischer coke comedy Slapstick herausgebildet.

Und sonst?

Berichte aus den Jahren 1912/13 stellen in Paris, Tatort Quartier latin und Montmartre, die »Unsitte des Cocainschnupfens unter Prostituierten, Apothekern, Studenten« fest. Der französische Neurologe Guillain, ein Zeitgenosse, schätzt, etwa die Hälfte der Prostituierten von Montmartre seien Kokainistinnen. Eine sogenannte Cocain-Epidemie in der US-Armee noch vor Ausbruch des ersten Weltkrieges wurde von dem Militärarzt W.B. Meister aufgedeckt.

Freischärler knacken Apotheken

Erster Weltkrieg, Europa: da spielte das Kokain offenbar eine ähnliche Rolle wie rund fünfzig Jahre später das Heroin im Vietnamkrieg: als Linderungsmittel, dessen Geruch stillschweigend geduldet wurde.

Der Krieg »schuf bei gewissen Kreisen der Zuhausegebliebenen, wie auch späterhin bei vielen heimgekehrten, die allgemeinen psychischen Bedingungen zu einem Giftkonsum großen Stils«, resümieren Ernst Joel und Fritz Fränkel in ihrer 1924 erschienenen Untersuchung »Cocainismus« die Kokain-Situation jener Jahre.

Sie verbuchen die besonderen Bedingungen im Falle Deutschlands, vor allem »die noch einige Jahre nach dem Kriege fortdauernde Alkoholknappheit, deren Bedeutung für den Konsum anderer Genußgifte ja gerade neuerdings an Hand der Erfahrungen Rußlands und Amerikas diskutiert wird. Sodann jene ungeheure Verschleuderung von Heeresgut, die bei uns nach dem Zusammenbruch einsetzte und unter die natürlich auch die wertvollen Bestände der Sanitätsdepots fielen. Um wie große Giftmengen es sich dabei handelte, kann man leicht ermessen, wenn noch heute immer wieder gerade im illegalen Verkehr Heerescocain zum Vorschein kommt. Eine weitere Bedingung war folgende: Wie uns aus Rußland berichtet wrude, bemerkten schon während des Krieges einige chemische Fabriken eine auffallend gesteigerte Nachfrage nach Cocain, die, wie sich herausstellte, von gewissen Truppenteilen ausging. In der Tat hatten sich eine große Zahl von russischen Feldzugsteilnehmern, besonders Intellektuelle und Offiziere, dem Cocaingenuß ergeben. Aus diesen Kreisen rekrutierten sich nun Personen, die nach der russischen Revolution auf deutscher Seite gegen die rote Armee, in welcher übrigens ebenfalls Cocain geschnupft wurde, kämpften, und diese waren es, wie uns immer wieder übereinstimmend mitgeteilt wrude, die die Unsitte auch in den deutschen Truppenverbänden einführten. Es ist geradezu erstaunlich, wieviel ehemalige Angehörige der Freikorps man unter den Berliner Cocainisten findet, wenigstens in den Kreisen, in welchen wir hauptsächlich unsere Studien gemacht haben. Eine immer wiederkehrende Schilderung jener Freischärler, die im Baltikum, in Posen oder in Schlesien an den Kleinkämpfen teilgenommen haben, ist die Durchsuchung der Apotheke auf Cocainvorräte nach der Besetzugn eines Ortes. Indem nun diese Leute in die Großstädte zurückkehrten, widmeten sich einige unter ihnen, erwerbslos und haltlos, wie sie waren, dem Cocainhandel, und da, wie wir noch sehen werden, in der ganzen Form des Cocainschnupfens die Elemente der Geselligkeit und Proselytenmacherei liegen, so waren es jene Händler (und sind es noch) darauf angewiesen, ihre Ware immer wieder neuen Kunden zuzuführen, das besondere Bedürfnis nach Cocain zu schaffen, um es dann zu befriedigen.«

Krachende Stadt, Wirrsal wilder Verwüstungen: Die 20er Jahre

Auch wenn in Deutschland – seine chemische Industrie war Hauptproduzent für Kokain in Europa – strenge Ausfuhrverbote erlassen wurden, auch wenn in vielen anderen Staaten Kokain-Gesetze in Kraft traten:

der Ausbreitung des Kokains tat es offenbar keinen Abbruch. Von den aufgelösten Heeresbeständen an Kokain konnte der Schwarzmarkt noch eine Zeit lang zehren. Und von Deutschland aus fand der illegale Kokainhandel auch seinen Weg in die Schweiz – ins neutrale Alpenland waren während des Krieges viele (besonders französische) Intellektuelle und Künstler emigriert und hatten dort, in den Großstädten und Kurorten, die »Mode« des Kokainschnupfens bekannt gemacht.

Es bildete sich in den zwanziger Jahren in den Metropolen Europas eine neue Großstadtspezies heran, zu beobachten besonders in der Hauptstadt Berlin: die der Kokainisten, eine bizarre Demimonde aus Müßiggängern der Boheme, Kleinkriminellen, Prostituierte, Spielern und Angehörigen des begüterten Bürgertums. Zwischen 10.000 und 20.000 regelmäßige Kokain-Schnupfer schätzte man in den zwanziger Jahren in Berlin – kein Wunder: das Gramm Kokain war seinerzeit für zehn Mark zu haben.

Die New York Times wußte in jener Zeit aus der deutschen Hauptstadt zu berichten, daß bei den »Partys nach dem Theater der Schnee mit der gleichen Freiheit und Lässigkeit herumgereicht wird wie Zigaretten, und daß es von den meisten Bewohnern des modischen Westens benutzt wird.« Der Stoff war keine Außenseiter-Droge: »Es gibt Kokainisten in allen Berufen«.

Die Nase ins Koks gesteckt hatte man schon in dem revolutionären Literaturkreis um Johannes R. Becher, später DDR-Hymnentexter und DDR-Kulturminister. Die jungen Schriftsteller versuchten sich auf diese Weise dem Militärdienst zu entziehen. Was paradox erscheint, wenn man weiß, daß deutsche Militärärzte noch wenige Jahre zuvor die Ausgabe von Kokawein als leistungssteigerendem Verpflegungsmittel für die kämpfende Truppe gefordert hatten.

Der Turiner Jude Dino Segre (alias Pitigrilli), in den zwanziger Jahren als Zeitungskorrespondent in Paris, beschreibt in seinem 1922 in Mailand erschienenen »Cocaina: romanzo« den physischen und psychischen Verfall des dandyhaften Tito Arnaudi, der sich aus einer Laune heraus auf das dekadente Spiel mit dem »Gift unserer Zeit« eingelassen hat – eine Genrebild des Montmartre-Milieus der zwanziger Jahre und seiner »schrillen Vögel«, das noch Jahrzehnte später für Aufsehen sorgen sollte.

Der junge Tito Arnaudi will – für die Morgenzeitung eines Onkels in Amerika – einen Artikel über »Kokain und die Kokainschnupfer« schreiben und macht sich ans Recherchieren. Im Hinterzimmer eines Pariser Cafés, wo die »Anbeter des coco captivante« auf ihren Händler warten,

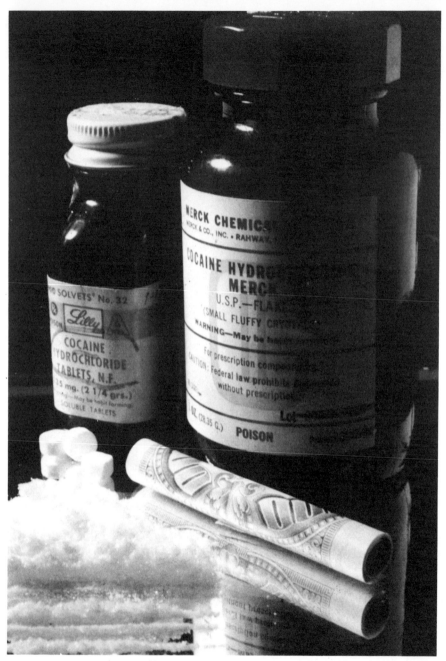

Zwei Sorten von pharmazeutischem Kokain — pulverige Kristalle von Fa. Merck und 135 mg - Tabletten von Fa. Lilly. In den Original-Schraubgläsern, wie sie in den USA verkauft werden.

wird er Zeuge ihrer zügellosen Gier. Einer von ihnen hat es gerade geschafft, eine Prise Kokain zu schnupfen, ohne daß ihm eins der unbeherrschten Weibsbilder die Hand zur Seite zieht und das zwischen Daumen und Zeigefinger glitzernde Koko in den eigenen Rüssel saugt, da wird er erneut attackiert: Mit »zuckenden Lippen warf sie sich auf seinen Mund, leckte gierig seine Oberlippe, steckte die Zunge in seine Nasenlöcher, um die wenigen Körnchen, die am Eingang hängengeblieben waren, aufzusammeln.« Fazit von Reporter Arnaudi beim Verlassen des Lokals: »Die ersten Dinge, die das Kokain vernichtet, sind der Wille und die Scham.« Was ihn freilich nicht davon abhält, den Stoff nun selbst zu konsumieren.

Die desperate Topographie eines Berliner Kokainfixers entrollt sich, wenn der expressionistische Lyriker Walter Rheiner, 1917 von Köln in die Hauptstadt übergewechselt, in seiner Novelle »Kokain« die Irrwege zwischen Kudamm und Gedächtniskirche nachzeichnet. Einer, der den Exzeß am eigenen Leibe erfährt, protokolliert den heillosen Wahn, den hemmungsloser Kokaingenuß beschert: »Die Menschen bleiben stehen und schauten ihn an. Harmlose Spaziergänger schüttelten die Köpfe und ließen Tobias herankommen, um ihn genauer zu betrachten. Hier konnte er nicht bleiben! Er drückte sich eilig die Häuser entlang, die Joachimsthaler Straße hinauf, zum Bahnhof: schon gehetztes Wild, verscheucht von jedem Fensterladen, der sein Licht auf ihn warf. Was blieb übrig in seiner Not, da Gott ihn höhnisch aus den mächtigen Wolken anschrie und Erzengel eherne Fäuste schüttelten, daß die Straßen klirrend wiederhallten? Was blieb anderes als das gebenedeite Gift, das er in der Tasche trug?«

»Die Tränen stiegen ihm bereits in die Kehle, als er in der Bahnhofshalle verschwand. Wieder kehrte er ein bei den Aborten, er, der stete Gast, er, die stinkende Kellerassel, das Klärichtvieh. Hei, da pfiffen, den lieben Vöglein aus der Dämmerung gleich, die Bahnhofsbeamten auf ihren Signalpfeifen; – oh, da klappten die Schaltertürchen der Fahrkartenausgabe auf, und alles schaute diesem Menschen nach, der, einem Betrunkenen ähnlich, zu den Aborten torkelte. Er riegelte sich auf einem der Klosetts ein. Was war das für ein Leben? Ein Aasleben! Oh du verhaßt-geliebtes Gift, Kokain, Kokain...« Die schwarze Seite des weißen Giftes: Rheiner starb 1925 als Kokain- und Morphiumsüchtiger.

Die »Kokain-Nackttänzerin« Anita Berben, die im Berlin der zwanziger Jahre mit ihren »Tänzen des Laster, des Grauens, der Ekstase« Furore machte, rieb sich auf bei einer Nahost-Tournee und starb, keine dreißig Jahre alt, von Cognac und Kokain dahingerafft. Ernst Jünger sah es so:

»Der 'Schnee', falls er auf eine intakte Physis trifft, entrückt den Geist in nüchterne Kälte und überläßt ihn, während er ihm die Wahrnehmung des Körpers abnimmt, einsamen Selbstgenuß.«

Kokolores? Wer sich zu mäßigen wußte, hatte wohl doch die besseren Karten; es haben dann auch in späteren Jahren viele Autoren, die anfangs aufs Kokain setzten, ihr Urteil revidiert.

Auch damals gab es schon eine Beschaffungskriminalität jener, denen das Kokain zum Lebensinhalt geworden war; auch mit Streckmitteln wurde schon hantiert. Handel und Schmuggel waren ohnehin verboten; ein Fallbeispiel, wie seinerzeit pharmazeutisches Kokain auf den Schwarzmarkt gelangte, schilderte der Sachbuchautor Heinz Graupner in »Dämon Rausch«: Da gab es einen Schmuggelring, der von drei Russen in Berlin und einem Kaufmann in Reval organisiert wurde. Das Kokain wurde legal von Pharmafirmen in Deutschland oder Frankreich bezogen, dies besorgten rumänische Komplicen, die offiziell für ihr Land Kokain kauften. So kam die Bande in den Besitz deutscher Ausfuhrbewilligungen; Kisten mit vierzig bis sechzig Kilo Kokain gingen an einen Berliner Spediteur, bei dem die Ware von Zollbeamten ordnungsgemäß abgefertigt wurde für den Export nach Rumänien. Jetzt machten sich Komplicen in der Speditionsfirma ans Werk: Der Kistenboden wurde herausgenommen, das Kokain beiseitegeschafft und statt dessen wertloses weißes Pulver von gleicher Beschaffenheit in die Kisten gesteckt; dann war die Kokainsendung nach Rumänien versandfertig. Das echte Kokain wurde auf dem Berliner Schwarzmarkt umgeschlagen.

Ziemlich abrupt brach Anfang der dreißiger Jahre die Kokain-Welle wieder ab – die Folgen der Weltwirtschaftskrise trugen dazu bei, wohl auch die immer wirkungsvolleren polizeilichen Kontrollen. Und: in den folgenden Jahren kommen ganz neue, in den Retorten der Pharma-Industrie synthetisierte Schnell- und Highmacher auf den Markt: die Amphetamine, billiger als Kokain und scheinbar »effizienter«.

In Deutschland tritt das sogenannte Opiumgesetz, ein gesondertes Gesetz über den Verkehr mit Betäubungsmitteln in Kraft – Stoffe im Sinne dieses Gesetzes sind Opium, Morphin, Heroin, Kokain, Benzedrin, Indischer Hanf u.a. Vom 1. Januar 1930 an wird, wer Kokablätter, Rohkokain, Kokain, Ekgonin und die anderen Ester des Ekgonins einführt, ausführt, gewinnt, herstellt, verarbeitet, Handel mit ihnen treibt, sie erwirbt, abgibt, veräußert oder sonst in den Verkehr bringt, mit Gefängnis bis zu drei Jahren und mit Geldstrafe oder mit einer dieser Strafen bestraft, sofern nicht nach anderen Strafgesetzen eine schwerere Strafe verwirkt ist.

Die Auflistung der verbotenen Stoffe wird im Laufe der Jahre fortlaufend ergänzt – in der Gleichstellungsverordnung von 1967 werden z.B. auch die Halluzinogene Lysergsäurediaethylamid und Mescalin aufgeführt –; die Strafbestimmungen der Neufassung von 1981 sehen bei Verstößen gegen das BTM-Gesetz Freiheitsstrafen bis zu vier Jahren, in besonders schweren Fällen bis zu fünfzehn Jahren vor.

Schneesturm, mitten im Sommer

Erstes Signal für das Coke-Comback dürfte 1969 die Eingangsszene von »Easy Rider« gewesen sein: um ihren Motorradtrip zu finanzieren, kaufen die beiden Protagonisten Wyatt (Peter Fonda) und Billy (Dennis Hopper) auf einem Schrottplatz irgendwo an der mexikanischen Grenze zwei Päckchen Kokain – nicht ohne den Stoff vorher zu testen, versteht sich – und verticken die Ware dann direkt in der Einflugschneise eines Airports an einen im Rolls vorfahrenden Anonymus, gespielt von keinem anderen als Pop-Produzent und Multimillionär Phil Spector...

Gewiß, in Jazz-Kreisen war man dem Koks immer treu geblieben. Jetzt, Anfang der siebziger Jahre, fanden die Größen der Rockmusik zunehmend Gefallen daran, es peppte sie auf für die schweißtreibende Arbeit auf der Bühne und hatte, so fand man, nicht die extrem gesundheitsschädlichen Eigenschaften von Methedrin und anderen Amphetaminen. Requisit der Eingeweihten damals: ein kleines Schnupf-Löffelchen, am Kettchen um den Hals getragen. auch in den Songs kam der Stoff zu Sprache:
»Drivin' that train,
High on cocaine –
Casey Jones you'd better
Watch your speed.«
Grateful Dead: »Casey Jones«

Es soll des öfteren vorgekommen sein – vorausgesetzt, die Band hatte den entsprechenden Status und konnte sich das leisten – daß Musiker sich weigerten, auf die Bühne zu gehen, bevor nicht die Kokain-Versorgung stimmte: »No snow, no show«. Die Rockstars, Kronprinzen des aquarischen Zeitalters, hatten das Kokain wiederentdeckt.

So, wie das Marihuana im Laufe der siebziger Jahre aus dem Ghetto der kiffenden Subkultur seinen Weg in die Welt der Angestellten, Freiberufler und Akademiker fand, weht auch der Neuschnee von draußen herein: der Gras-Dealer hatten dann eben hin und wieder auch ein Briefchen mit Koks dabei. Oder man lernte es bei Freunden kennen.

Kaviar kann sich nicht jeder leisten, aber mancher vielleicht hin und wieder mal. Laut »High Times Encyclopedia of Recreational Drugs« muß die Klientel, die sich die Nase auf einer, sagen wir, regelmäßigen Basis pudern will, »über ein sehr beachtliches Einkommen verfügen; aus dem Grund sind regelmäßige Konsumenten auch vornehmlich tätig in den oberen Rängen von Musik-, Fernseh- und Filmbranche, und sie gehören zum überwiegenden Teil zur wohlhabenden Schicht in den amerikanischen Metropolen. Es gibt sie in jeder Profession, in jeder Geschäftssparte. Sie sind meist relativ jung, und sie tendieren zum gemäßigten Kurs: mehr als ein bis zwei Gramm im Monat kaufen sie nicht. Und sie kriegen im allgemeinen halbwegs anständiges Kokain für einen recht hohen Preis. Und im allgemeinen halten sie das, was sie da bekommen, für erheblich besser als es tatsächlich ist. Aber bei Kokain ist der Preis keine Garantie für Qualität.«

Der amerikanische Baseballspieler Bill Lee, Pitcher bei den Boston Red Sox und den Montreal Expos, dem man für sein öffentliches Eingeständnis, er habe schon mal Marihuana geraucht, eine Disziplinarstrafe von 250 Dollar aufgebrummt hatte, wurde im Juli 1980 von dem US-Magazin High Times gefragt: »Was würde passieren, wenn Baseball-Kommissar Bowie Kuhn jedem potrauchenden Baseball-Profi eine 250-Dollar-Buße auferlegen würde?« Antwort des gewitzten Lee: »Er wäre ein reicher Mann.«

Im High Times-Interview wurde auch das Thema Kokain angesprochen: »Kommen wir doch mal kurz zum Thema Kokain. Es gibt ja Leute, die halten sich an die Regel: Nie selber was kaufen, aber nie nein sagen, wenn dich jemand zu 'ner Prise einlädt.«

Lee: »Ist 'ne wunderbare Regel. Gefällt mir, trifft's auf den Punkt. Die Auffassung gefällt mir. Kokain – es gibt Spieler, die nehmen das schon mit den Cornflakes zum Frühstück. Aber man muß das im Griff haben. Solange einer in der Lage ist, seinen Job zu tun, und es sein Verbündeter ist und nicht zum Widersacher wird, ist es allemal besser als Kaffee.«

High Times, The Magazine Of Feeling Good, ist der Anzeigenmarkt für die Paraphernalia-Industrie. Angeboten wird da Zubehör wie Koksmühlen, um dem Sniffer das Kleinhäckseln mit der Rasierklinge zu ersparen, Spiegel (mit Aufdruck »Coke«, »White Lady« u.a.) in jeder Größe und Form, Fläschchen zum Aufbewahren mit Trockenpatrone im Schraubverschluß, damit Luftfeuchtigkeit dem Stoff nichts anhaben kann, zugeschnittene Spezialpapierchen für die gefalteten Gramm-Briefchen, in denen der Stoff im allgemeinen gehandelt wird, Kokslöffelchen in allen Variationen, und kitsch as kitsch can auch ein Schnupfröhrchen, das wie ein kleiner Hoover-Staubsauger aussieht. Schamlos wird sogar der beliebte, aus Europa importierte Koks-Verschnitt Mannit (ursprünglich aus den Pflanzensäften der Mannaesche, oft auch durch Hydrierung aus Glukose gewonnen; in Italien z. B. als Babynahrung im Handel) angeboten – für Großabnehmer, die kiloweise ordern, mit entsprechendem Rabatt. Ein paar Seiten weiter, fast wie eine Müsli-Reminiszenz ans Goldene Zeitalter der längst vergessenen Coca-Weine: ein Inserat für »Coca Pollen«, im 30-Gramm-Fläschen zu 14,95 Dollar: »Ein exotisches Stimulans, einst königliches Privileg der Inkas. Das ehedem streng gehütete Geheimnis, unter Einsatz fleißiger Bienenvölker die energetisierendste Substanz der Kokapflanzen zu sammeln, den Blütenpollen, haben kürzlich Wissenschaftler beim Studium der Kokapflanzungen der Tingo-Maria-Region in Peru wiederentdeckt.«

Das US-Nachrichtenmagazin Time vermeldet im Sommer 1981, »wie ein Schneesturm« habe »die all-amerikanische Droge« Kokain das Land heimgesucht: Koks sei für junge Leute zum Statussymbol geworden wie früher der Straßenkreuzer. In Aspen, dem amerikanischen St. Moritz, hätten Wintersporturlauber Kokain-Briefchen als Trinkgeld in der Ferienwohnung liegenlassen, und bei manchen Werbeagenturen in der New Yorker Madison Avenue gebe es neuerdings nicht selten »Kokain anstelle von Martinis«.

Schlagzeilen in Deutschland: Der Fall Fassbinder und andere

Anfang 1979 dann hatte das Nachkriegsdeutschland seinen ersten spektakulären Kokain-Prozeß: Mitten in der Nacht wurde in seiner Wohnung in München der israelische Sänger und Produzent Abi Ofarim von der Kripo verhaftet; der Haftbefehl erging, laut AP-Meldung, »wegen des Verdachts des fortgesetzten Erwerbs von Kokain zum Eigenverbrauch und der fortgesetzten Abgabe von Kokain«. Einen Monat später wurde Ofarim vom Münchner Amtsgericht zu einem Jahr Freiheitsstrafe verurteilt – drei Jahre Bewährung, plus 5.000 Mark Bußgeld an ein SOS-Kinderdorf. In der U-Haft, so der reuige Sünder vor Gericht, habe er einen Song gegen Kokain komponiert, Titel: »Much too much«.

»Schickeria-Droge KOKAIN«: Im Jahre 1982 ist der Andenschnee dem Spiegel für eine Titel-Story gut. Gleich im ersten Satz geht es um ein prominentes Opfer, der Fall ist keine vierzehn Tage alt: »An einer Überdosis Kokain, vermischt mit Barbituraten, starb der Filmregisseur Rainer Werner Fassbinder, Kokain, die 'Champagner-Droge' der zwanziger Jahre, kommt auch in der Bundesrepublik wieder in Mode, einst-

Terassenplantage in Bolivien

weilen bei der Schickeria.« Aber gewiß: Das hohe C ist keine Straßendroge, die User sind »Leute intellektueller Herkunft, Künstler«, gibt Erich Strass, RD-Leiter beim BKA, zu Protokoll, »oder sie kommen aus Halbweltkreisen – ganz grob überschrieben: die Schickeria.« Ansehen tut man denen ihr sträfliches Treiben ja nicht unbedingt, und statt findet es »weitgehend im intimen Bereich, wo die Polizei keinen großen Einblick hat.«

Seinen geplanten Film, ein Pitigrilli-Sujet, hat Fassbinder, der laut Spiegel »den Film-Traum vom drogenbejahenden 'provozierten Leben' (Benn) in der Realität zu frühzeitig zu Ende gelebt« hat, nicht mehr drehen können.

Der Moewig-Verlag wollte die Nase ganz vorn haben und warf voreilig eine »Kokain«-Ausgabe mit Cover-Vermerk »Das Buch zum RWF-Film« auf den Markt – einstampfen? Das drohte dem Roman »Kokain« bald ohnehin: Die Bundesprüfstelle für jugendgefährdende Schriften entschließt sich 1983, das Buch auf den Index zu setzen. Erst nach der im Sommer 1988 ebenfalls indizierten Ausgabe des Rowohlt Verlages wird publik (Börsenblatt: »Wieder im Kreuzfeuer: Rudolf Stefen«), daß die Indizierung des Romans – über den Umweg einer BPS-Indizierung 1954 – auf einen Beschluß der Reichsprüfstelle Berlin im Jahre 1933 zurückgeht (»Moralnihilismus«, »Zersetzung«, etc.). Dies bei einem Autor, den Nazi-Rassengesetze in die Emigration zwangen; und die Buchmesse '88 steht im Zeichen des deutsch-italienischen Kulturaustausches! Auf seiner eigens in der Messestadt anberaumten Oktober-Sitzung muß das BPS-Gremium den Indizierungsentscheid zurückziehen.

Über den Münchner Filmemacher staunte Time Anfang 1978: »Obwohl er in schmuddeligen Jeans und Lederjacke daherkommt und wie ein Hell's Angel aussieht, hat Fassbinder eine eiserne Disziplin. Seit Fertigstellung seines ersten Films im Jahre 1969 hat er im Durchschnitt alle drei Monate einen abendfüllenden Spielfilm gedreht.«

»Der Gebrauch von Drogen«, so RWF in der Biographie von Robert Katz, »kann sich auf die Kunst in positiver Weise auswirken. Andererseits glaube ich nicht, daß dies bei jedermann der Fall ist, denn alle Drogen tragen das Risiko der Sucht in sich. So ist es zum Beispiel beim Kokain. Es ist möglich, es in kreativer Weise einzusetzen, auch wenn manchen Leuten ihre Phantasie allein vollauf genügt. Eine Gefahr besteht in jedem Fall.«

Zum ersten Mal mit Kokain experimentiert hat RWF während der Dreharbeiten zu »Chinesisches Roulette«. Der Schauspieler Kurt Raab, der beim nächsten Film (»Bolwieser«) die Hauptrolle übernimmt, macht die Entdeckung, daß ihm (das von RWF offerierte) Kokain bei der Arbeit eher schadet als nützt: Während des Drehens glaubt er, er sei so konzentriert wie nie zuvor. Alles erscheint ihm in kristallener Klarheit, er glaubt die Rolle perfekt zu spielen. »Daß sich nichts von diesem Empfindungen auf der Leinwand wiederfand, daß meine Darbietung steif wirkte, die Gesten ausdruckslos, das merkte ich erst später.«

Den Regisseur freilich läßt der Stoff nicht mehr los. »Etwa ab 1977 alterte Fassbinder jedes Jahr um ein Jahrzehnt. In den beiden letzten Lebensjahren war sein Ende ebensowenig aufzuhalten wie das eines Achtzigjährigen. Was ihm an zählbaren Jahren fehlte, ersetzte er durch den unbeirrbaren Trotz, einer Welt, wie sie war, nur noch filmend anzugehören, und sonst gar nicht mehr«, hat Gerhard Zwerenz in seinen Erinnerungen an RWF notiert, und: »Starke Naturen reagieren auf trostlose Zustände mit vermehrtem Trotz. Nimmt er die Gestalt von Werken an, die am Lauf der Welt nichts ändern, verwandeln sie sich zur Gänze selbst in eins ihrer Werke.«

1978 schließlich, bei den Dreharbeiten zu »Die Ehe der Maria Braun«, verbraucht Fassbinder sieben bis acht Gramm Kokain pro Tag. Drei Assistenten des Unersättlichen sind allein damit beschäftigt umherzujetten und Drogen herbeizuschaffen.

Einer aus dem alten RWF-Clan, der Regisseur und Schauspieler Harry Baer, bekannte letztens im deutschen Fernsehen, Fazit zwo Jahre Kokain: »Is' nix mit junger Gott.« Frage des Interviewers: »Reizt Sie das Kokain noch?« Harry Baer: »Filmemachen ist Droge genug.«

Eher abstoßendes Beispiel, wie Leute es offenbar vermögen, auch noch als Geläuterte, vehement den Zeigefinger auf jedermanns Nase schwenkend, mit dem abgehalfterten Glamour-Effekt der Droge zu hausieren: Im gleichen TV-Film durfte auch ein geheilter Konstantin Wecker in hemmungsloser Ausführlichkeit Auskunft über seinen Flirt mit dem Kokain, und anschließend am Piano seinen lyrischen Senf dazu geben.

Verspätete Erkenntnis, daß diese Droge süchtig macht

In den USA landet im Herbst 1984 ein Autor namens Jay McInerney mit seinem Erstlingsroman »Bright Lights, Big City« einen Bestseller – er erzählt (in der zweiten Person, halb sich, halb den Leser ansprechend) brillant und minuziös die sieben Tage währende Odyssee der namenlosen Hauptfigur durchs New Yorker Tages- und Nachtleben. In Trab gehalten wird der Held, ein Möchtegern-Schriftsteller, der in der Dokumentationsabteilung eines angesehenen Journals arbeitet und sich als »Kreuzung aus dem jungen F. Scott Fitz/ Hemingway und dem späten Wittgenstein« empfindet, vom »bolivianischen Marschpulver«. Am Schluß fällt der Gebeutelte, verlassen von seiner Frau, die als Top-Model für Vogue arbeitet, mit blutender Nase, hungrig und ausgepowert in aller Herrgottsfrühe vor einem Sack frischer Brötchen in die Knie, den ihm ein Arbeiter an der Verladerampe einer Großbäckerei vor die Füße wirft: »Der erste Bissen bleibt dir im Hals stecken; du mußt dich beinahe übergeben. Du wirst langsam vorgehen müssen. Du wirst alles noch einmal ganz von vorn lernen müssen.«

1984 ist auch das Jahr, in dem die US-Zeitschrift Rolling Stone (die 1971 das Kokain zur »Droge des Jahres« erkor) unter der Schlagzeile »How To Get Off Cocaine« vekündet: »Kokain hat sich einer weitaus besseren Reputation erfreut, als sie es verdient. Es macht sich nun die verspätete Erkenntnis breit, daß diese Droge süchtig macht. Während Kokain nicht die physischen Symptome hervorruft, die sich beim Opiatentzug einstellen, kann der fortgesetzte Genuß – durch Schnupfen, Rauchen und Spritzen – zu schwerwiegender Abhängigkeit führen.«

»Wann«, fragt Rolling Stone, »wird dein Kokain-Gebrauch zum Problem? Für die überwiegende Mehrheit der Konsumenten – von denen gibt es Millionen, – die mit der Droge experimentieren, (sie ein paar Mal nehmen und dann wieder die Finger davon lassen), sie nur gelegentlich oder bei besonderen gesellschaftlichen Anlässen oder zu einem ganz bestimmten Zweck nehmen (um ein Examen zu schaffen oder einen Abgabetermin bei ihrem Job), wird es vielleicht nie zu einem Problem werden. Aber Kokain ist eine heimtückische Droge. Sie hat die Angewohnheit, dir in den Rücken zu fallen. Und ihre Fähigkeit, dir ein Gefühl der Selbstsicherheit zu geben, kann dich blind machen gegenüber der Tatsache, daß du Schritt um Schritt die Kontrolle über deinen Drogenkonsum verlierst. Bedenke dabei auch, daß niemand vorhat, von einer Droge abhängig zu werden.«

In Amerika, rechnet die US-Drogenbehörde hoch, sind es unterdessen längst zehn Millionen, die »mehr oder minder regelmäßig Kokain konsumieren. Die einen morgens nach dem Aufstehen, um den Tag aufzuhellen, die anderen mal zwischendurch – The Pause That Refreshes – im Büro, oder vor einer wichtigen Besprechung, wieder andere am Ende eines aufreibenden Arbeitstages, um sich für den Feierabend fit zu machen. »Die tägliche Prise Kokain«, berichtet der Spiegel, »ist mittlerweile bei gestreßten jungen Aktienhändlern an der Wall Street

500 Jahre alte Terassenplantage
im Jungas-Tal, Bolivien

Calle Max Peredes, La Paz:
Sonntäglicher Koka-Markt

und bei aufstrebenden Rechtsanwälten an der amerikanischen Westküste ebenso verbreitet wie bei hochqualifizierten Facharbeitern auf den Baustellen der amerikanischen Atomindustrie.« Der Boom dringt in die profansten Bereiche vor: Ihr Haus, lobte eine Hausfrau in San Francisco, sei einfach sauberer, »wen ich vorher eine Prise nehme.«
Fast wieder Zustände wie schon vor hundert Jahren? Was die Qualität und Preis des Schupfpulvers angeht, ganz gewiß nicht.

Vom Kokoblatt zu den Fällprodukten:
Kriminelle Energie im Dschungelcamp

Um die Konsumenten zu versorgen, arbeitet allein in Bolivien eine halbe Million Menschen, ein Drittel des Arbeitskräftepotentials, in der Kokainwirtschaft. In dem bitterarmen Andenland macht der Exporterlös aus dem illegalen Koka-Anbau drei Viertel der Gesamtausfuhr aus; in Peru und Kolumbien ist Kokain immer noch Exportartikel Nummer eins. Wie das Zeug dort unten hergestellt wird, war schon – in aller Ausführlichkeit – in einem deutschen Fernseh-Report zu beobachten. Der bolivianische Dschungel-Laborant warf aus einem Plastikeimer mit vollen Händen weiße Körner in die von Trägern im Ameisenverkehr auf beschwerlichem Marsch durch Berg und Tal angelieferten Kokablätter und erklärte, zu allererst werde das Zeug »gesalzen«. Das »soll das Alkaloid weicher machen, und das Benzin holt es dann raus...«

Bei der ersten Stufe der illegalen Kokainherstellung, in versteckten Labors mit Flugpiste für die Kuriermaschinen, werden die Blätter im allgemeinen in mehr oder minder großen Trögen oder Zementbecken mit Wasser und etwas Schwefelsäure aufgegossen. Bis zu 24 Stunden lang werden sie dann mit bloßen Füßen gestampft – das löst die Alkaloide aus dem Blatt. Aus dem grünlich-braunen Blätterbrei wird anschließend die Flüssigkeit herausgepreßt und gesammelt.

Dieser Flüssigkeit wird Kerosin und etwas Kalk, mitunter auch Natriumkarbonat beigemischt. Dann läßt man sie stehen. Nach einer Weile bilden sich weiße Flocken, das Fällprodukt wird mit Tüchern abgeseit und getrocknet. Die Beschaffenheit gibt dem Kokainsulfat seinen Namen: es ist die Koka-Paste, Zwischenstufe auf dem Weg zum Kokain. Aus 500 Kilo Blättern gewinnt man auf diese Weise rund zweieinhalb Kilo Kokapaste. Die Herstellung der Paste erfolgt mitunter schon in der Nähe des Ortes, wo die Blätter geerntet wurden.

Dieses Zwischenprodukt, dessen Hersteller sich oft genug mit Schußwaffen gegen ungebetene Besucher zur Wehr setzen, wird dann im

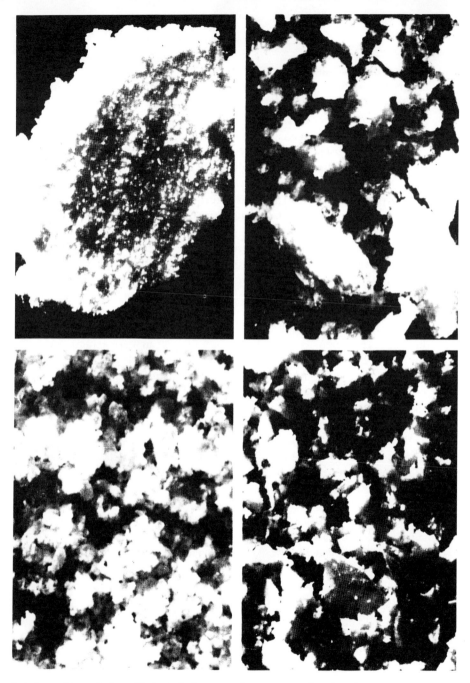

Kokain und Verschnittstoffe, in 21facher Vergrößerung. Im Uhrzeigersinn von links oben: Bolivianisches Kokain, Mannitol, Laktose, Peruanisches Kokain

allgemeinen von den Aufkäufern der Großdealer übernommen, die Paste per Flugzeug in die größtenteils in Kolumbien liegenden Kokain-Labors gebracht. Dort wird die Paste in Äther, Aceton und Salzsäure gelöst; als Endprodukt bilden sich in der Flüssigkeit die Kokainkristalle. Sammeln, abwiegen, verpacken – und dann gehen die plastikverschweißten Kilopäckchen, mitunter mit bunten Markenzeichen aus dem legalen Welthandel bedruckt (»MAZDA«, und – da ist es wieder, das allbekannte Schnörkel-Logo: »COCA COLA – La chispa de la vida«), auf die Reise gen Norden.

Der Weg zum Verbraucher – mit Streckmitteln gepflastert

Zeigt die Computeranalyse auf dem Monitor des Empfängers in Miami dann zum Beispiel ein Ergebnis, das so aussieht:
RANK---IN---NAME
1-----234---COCAINE
2-----261---METHYLECGONINE
3------72---TROPINE
4-----260---BENZOLECGONINE
5------65---AZABICYCLO/3.2,
 dann freut sich zunächst der Zwischenhändler – was Reinheit und Qualität des Stoffes angeht: Bis die Kristallsalze zum Endverbraucher gelangen, sind sie in der Regel hemmungslos verschnitten.

Unterwegs, in der Dealer-Kette, werden Apparaturen eingesetzt, die den Reinheitsgrad anhand der verschiedenen Schmelzpunkte des Kokainhydrochlorid (192-197 Grad Celsius) und der gewöhnlich verwendeten Streckstofe ermitteln: Methedrine schmilzt bei 171-175 Grad, Prokainhydrochlorid bei 153-156 Grad, Mannitol bei 165-167 Grad, Laktose zerfällt bei 203 Grad.

Die Sniffer-Szene behilft sich mit simpleren Reinheitstests: Wer seiner Nase nicht traut, legt die Probe auf ein Stück Alufolie und läßt sie langsam verdampfen, indem er ein Feuerzeug unter die Folie hält. Während pharmazeutisches Kokain ohne Rückstände verdampft, hinterläßt illegal produziertes Kokain (aufgrund der enthaltenen Nebenalkaloide) einen rotbraunen Fleck. Laktose wirft Blasen, karamelisiert und zerfällt zu schwarzer Asche; der entstehende Rauch riecht süßlich. Mit Dextrose verhält es sich ebenso. Methedrin schmilzt und verdampft ähnlich wie Kokain, doch mit zischendem Brutzeln. Talk schmilzt nicht und verdampft nicht, das gleiche gilt für Backpulver.

Oder man streut ein bißchen Koks in ein Glas kaltes Wasser – anhand dieser Methode läßt sich freilich nur in etwa abschätzen, wie sehr der Stoff verschnitten ist: Das Kokain hinterläßt beim Herabsinken kleine, transparente Spuren. Die meisten Verschnittmittel tun es nicht. Der Anteil der Partikelspuren erlaubt eine ungefähre quantitative Bestimmung.

Ein von Berndt Georg Thamm (»Andenschnee«) im Jahre 1984 interviewter Klein-Dealer in Berlin zur Reinheit von handelsüblichem Stoff: »Würde ick jetzt sagen, die Hälfte ist Kokain, die Hälfte sind Streckstoffe, irgendwelcher Müll.«

Über die Praxis des Streckens hatte US-Autor Robert Sabbag (»Schneeblind«) schon Mitte der siebziger Jahre berichtet. seinen Recherchen nach wurde der saubere Stoff, wenn er – in Kilo-Sendungen aus dem Erzeugerland – in New York eintraf, vom dortigen Empfänger mitunter auf die doppelte Menge gestreckt; meist aber betrug der Reinheitsgrad der vom ersten Empfänger weitergegebenen Ware dann immerhin noch 80 Prozent. Durch je mehr Hände die Ware auf dem Weg zum Endverbraucher geht, desto schlechter ist die Qualität. »Der letzte Dealer in der Kette,« so Sabbag, »kann den Stroff praktisch so stark verdünnen, wie er will. Es wird sich immer ein Idiot finden, der ihm seine Briefchen abkauft.«

Da stellt sich die Frage: Was macht die Leute scharf auf so ein Zeug? Der Nachfrage indessen scheint es keinen Abbruch zu tun.

»So etabliert ist das Geschäft mit der Droge unterdessen, daß selbst Krieg und Frieden kaum noch Unterschiede machen«, notierte der Spiegel im November 1988. »die nicaraguanischen Contras, die, solange sie gegen die Sandinisten kämpften, immer wieder mit Dollarmillionen aus Washington subventioniert wurden, werden mit der Einstellung des Kampfes, die sie eben verkündeten, diese Alimente wohl verlieren. Sie brauchen künftig eine andere Geldquelle – und die liegt nahe. Denn bisher verquickte sich bei ihnen – wie auch bei den afghanischen Mudschahidin – der antikommunistische Kreuzzug aufs beste mit einem blühenden Drogengeschäft. Gerade am Beispiel der Contras läßt sich am schlüssigsten belegen, weshalb der von Präsident Reagan und seiner Ehefrau Nancy so vollmundig beschworene ('Just say no') und von seinem Vize Bush aufgenommen Krieg gegen das Rauschgift nichts als Wortgeklingel ist. Denn ausgerechnet in den acht Reagan-Jahren haben sich die Drogen-Multis zum weltweiten Imperium entwickelt, und das mit tatkräftiger Unterstützung Washingtons.«

»Reagans schlimmster Skandal während seiner ganzen Amtszeit, die Iran-Contra-Affäre um Waffen für die Ajatollahs gegen Geiseln sowie illegales Geld für die Contras in Nicaragua, bekannt unter dem Schlagwort 'Irangate', war auch eine riesige Rauschgift-Affäre. Unter dem in diesem Skandal allmächtig agierenden US-Oberstleutnant Oliver North, der sich bei seinen Kongreß-Hearings als verfolgte Unschuld gab, nur Gott und Vaterland gedient haben wollte, geschah Unerhörtes: Jene Flugzeuge, die Waffen für die Contra-Verbündeten in den mittelamerikanischen Busch brachten, flogen von dort randvoll mit Rauschgift in die USA zurück. Zum Dank für diese Amtshilfe spendeten die Kokainbarone dann reichlich für die Sache der Contras – beispielsweise einmal zehn Millionen Dollar auf einmal.«

Tatort Kolumbien: Das sogenannte »Kartell von Medellin« ist ein Musterbeispiel für die Ausmaße, die das Kokain-Business Ende der achtziger Jahre angenommen hat, und die rücksichtslose Brutalität, mit der es betrieben wird. Aber das ist ein Kapitel für sich.

oben: Frisch gepflückte, zum Trocknen ausgebreitet Kokablätter

rechts: Indio beim Transport von Koka

V. DAS MILLIARDENGESCHÄFT: DIE KOKSBARONE VON MEDELLIN

Eine Art Aids

Die Millionenstadt Medellin, einer der wichtigsten Industriestandorte im Nordwesten Kolumbiens, beliebt wegen des immerwährenden Frühlingswetters und der lieblichen Landschaft ringsum, wurde in den vergangenen Jahren zum Hauptquartier der »gefährlichsten Verbrecherorganisation der Welt«, wie die US-Tageszeitung Miami Herald jüngst konstatierte: »Hier wuchs in den letzten zehn Jahren eine Bande von Straßengangstern zu einem multinationalen kriminellen Imperium heran«.

Die Macht der kleinen Gruppe von Drogenbossen, die in Medellin und um Medellin herum residiert, ist längst stärker als die des Staates. Das Medellin-Kartell hält fast alle wichtigen Fäden von der Erzeugung über Transport und Vermarktung bis hin zum »money laundering«, der Säuberung des schmutzigen Geldes, fest in der Hand. Die Milliarden aus dem Kokainhandel stecken in Banken und im Baugewerbe, in Hotels und Reisebüros; selbst eine der vier Fernsehstationen in Bogota ist Eigentum der Drogenbosse, ihr Grundbesitz beläuft sich auf rund eine Million Hektar. Der Kampf gegen die Kokainkönige, die 80 Prozent des in USA konsumierten Kokains liefern, ist laut Spiegel »nicht einfach ein weiteres Kapitel in der langen Geschichte gewaltsamer Auseinandersetzungen, die seit Generationen scheinbar fester Bestandteil der kolumbianischen Gesellschaft sind. Trotz unbesiegbarer Guerillascharen, mörderischen Terrors von rechts wie links, trotz Bürgerkriegen und blutigen Militärfeldzügen gegen Indianer und Bauern haben die Institutionen der Republik ein halbes Jahrhundert überlebt. Weder Putschgelüste von rechts noch Revolutionsträume von links schafften es je, eine Mehrheit der Kolumbianer in Bewegung zu setzen. Diesmal ist es ganz anders: 'Das Kokain hat uns mit einer Art Aids infiziert', meint der liberale Politiker Carlos Ossa, 'das Abwehrsystem der Gesellschaft ist gebrochen'. Tatsächlich greift das Drogengeschäft am erfolgreichsten gerade jene Institutionen an, die den Staat verteidigen sollten.«

Allein der 38jährige Pablo Escobar, eine der Hauptfiguren des Kartells von Medellin, veteilt jeden Monat 100.000 Dollar an Schmiergeldern. Ein Beamter der Drogenfahndung verdient etwa 500 Dollar, das Anfangsgehalt eines Richters beträgt knapp 400 Dollar – kaum verwunderlich, wenn da Staatsdiener anfällig werden für Bestechung. Im heutigen

Kolumbien indessen ist Bestechlichkeit weniger eine moralische Schwäche, sie ist vielmehr der einzige Weg, am Leben zu bleiben. Es bleibt ja im Grunde gar keine andere Wahl: Ein Miniatursarg, per Post verschickt, genügt meist, um einen Juristen zur Einsicht zu bewegen. Legt er sich weiterhin quer, wird die Medizin verstärkt – etwa mit einer Videoaufnahme von der Ermordung eines Kollegen. »Plato o plomo«, Silber oder Blei, lautet die Devise.

Mehr als 220 Richter und Justizangestellte, auch ein Generalstaatsanwalt und ein Justizminister wurden in Kolumbien seit 1981 durch Autobomben oder Erschießen auf offener Straße aus dem Wege geräumt. Anlaß des gnadenlosen Terrors der Koks-Capos gegen die einheimische Justiz ist ein Vertrag mit den USA aus dem Jahre 1979, der die Auslieferung kolumbianischer Drogenhändler an die USA ermöglicht, falls dort eine Anklage vorliegt: Genau das ist aber das einzige, wovor das Medellin-Kartell Angst hat. Ungestraft morden können sie auch in den USA, das haben sie oft genug bewiesen. Auch US-Polizeibeamte können sie kaufen – auf Dauer jedoch können sie den Fäden der nordamerikanischen Justiz nicht entrinnen. Um eine Aufhebung des Abkommens zu erzwingen, ist den »extraditables« (den zur Auslieferung bestimmten) jedes Mittel recht.

Bis Anfang der siebziger Jahre war Kokainschmuggel in Kolumbien eher ein unbedeutendes Nebengeschäft gewesen – die einheimische Kundschaft verlangte Scotch Whiskey und elektronische Geräte; das Schmuggeln ist seit langem eine akzeptierte, beinahe respektable Lebensweise entlang fast der ganzen karibischen Küste des Landes. Hin und wieder kamen ein paar langhaarige Gringos ins Land, um ein paar Pfund Koks zu kaufen und damit wieder Richtung Heimat abzudampfen. Alle Käufer, größere und kleinere, waren auf dem offenen Markt gleichermaßen willkommen – und für die Boys aus USA war es in Kolumbien weitaus einfacher, an Koks heranzukommen, als in der paranoiden, äußerst angespannten Atmosphäre Boliviens oder Perus. Zudem gab es in Kolumbien auch Marihuana von hervorragender Qualität, und das Risiko, von offizieller Seite belästigt zu werden, war recht gering.

Schon 1973 gehörte das alte Laissez-faire der Vergangenheit an, etliche glücklose Gringos fanden sich plötzlich in den ziemlich ungesunden Strafanstalten des Landes wieder. Ursache für den jähen Klimawechsel: die kontinentale Drogenkonferenz, die im Oktober 1972 in Bogota stattfand. Sie wurde von den amerikanischen Drogenfahndern des (mittlerweile aufgelösten) Bureau of Narcotics and Dangerous

Drugs veranstaltet und sollte Anstoß geben zu einer breit angelegten, kontinentalen Offensive gegen den Drogenkonsum. Rückblickend erscheint es wie eine Farce: die Zeit des offenen Marktes mit seinem bunten, allen zugänglichen Gangstertum, dem fast drolligen Spektakel des alten laissez-faire ist kaum mehr als eine Erinnerung, heute regieren die neuen, glatten, effizienten und vor nichts zurückschreckenden Kokain-Kartelle.

Die Senores Ochoa und Escobar

Der Koks-Milliardär Pablo Escobar residiert 80 Meilen von Medellin entfernt auf der Hacienda Napoles, einem knapp 30 Quadratkilometer großen Gut, das eigenen Angaben nach runde 63 Millionen Dollar gekostet haben soll. Sein eigens angelegter Privatzoo ist u. a. mit vier Giraffen, zwei indischen Elefanten und zehn Nilpferden bestückt.

Seine kriminelle Karriere begann Escobar mit 14 – als Grabsteindieb. Auf den Friedhöfen der Stadt stahl er Grabsteine, schliff sie mit seinen Kumpels glatt und verkaufte die wieder namenlosen Steine mit Discount weiter für neue Bestattungen. Später verlegte er sich auf Autodiebstahl; Mitte der sechziger Jahre reiste er illegal in die USA ein und blieb dort bis Anfang der siebziger Jahre. Nach Kolumbien zurückgekehrt, betätigte er sich in der Drogenmafia als gatillero, als »Mann vom Abzug«, der mit Revolver oder Maschinenpistole die Geschäfte der Chefs absichert. Mit dem Erlös einer Entführung kaufte er sich 1976 dann selbst die erste Ladung Kokain – und handelte sich prompt eine Anklage wegen Drogenhandels ein. Fazit: zwei tote Detektive, eingeschüchterte Justizbeamte und ein von Kugeln durchlöcherter Richter – das Verfahren war gelaufen.

Von da an ging es steil aufwärts: binnen zehn Jahren schaffte es Pablo Escobar in die Milliardärsliste des US-Magazins Forbes. dort stand er 1988 mit über zwei Milliarden Dollar zu Buche, und auch die Komplicen vom Ochoa-Clan fanden in Forbes Erwähnung.

In der Liste dr reichsten Familien der Welt rangierte der Ochoa-Clan auf dem 14. Platz. Operationsbasis des Clans ist die Hacienda Veracruz, 300 Meilen nördlich von Medellin, nahe Cartagena an der kolumbianischen Karibk-Küste gelegen. Die Hacienda ähnelt eher einem Kleinstaat als einem Wohnsitz; sie umfaßt kleine Dörfer, einen Privatzoo und eine asphaltierte Landepiste, die lang genug ist für Landung und Start von Frachtflugzeugen.

Die gewaltige Leibesfülle des alten Fabio Ochoa Restrepo, hoch zu

Pferd und mit einem Cowboyhut gekrönt, gehört schon zur Folklore Medellíns. Der Patriarch, der in seinem Restaurant »Las Margaritas« einst regionale Speisen servierte, interessiert sich heute nur noch für Pferdezucht. Don Fabio residiert auf der Finca la Loma, die ausschließlich der Rinderzucht und dem Training der Traber vorbehalten ist.

Das Geschäft mit der Droge lenken Don Fabios drei Söhne – vor allem Jorge, der zweitälteste, der einst, als die Familie noch weit entfernt war vom Segen der Narco-Dollars, wie seine Brüder und Schwestern nach der Schule noch im Restaurant bedienen mußte.

Seine kriminelle Energie bezieht Senor Ochoa nicht aus der belebenden Wirkung des Kokains. Jorge Ochoa, so wird berichtet, trinkt nicht, raucht nicht, nimmt nie Drogen. Er ist verheiratet und hat ein Töchterchen. Kokain, so heißt es, betrachte er als »harmloses Laster«, dulde aber nicht, daß es in seiner Gegenwart geschnupft wird.

Die Anfänge des Kartells: Ein Konzept zur Profitmaximierung

Als das weiße Pulver im Laufe der siebziger Jahre in den USA immer mehr Anhänger gewann, als in Bolivien – der größte Teil des in Kolumbien produzierten Kokains wird ja aus Koka-Paste hergestellt, die aus anderen Andenrepubliken eingechmuggelt wird – die Farmer 1975 in der Gegend von Santa Cruz bereits mit sicherem Gespür für den Trend ihren gesamten Baumwollanbau durch Kokapflanzen ersetzten, da erkannte der Kolumbianer Ochoa, bis dahin offenbar als rechtschaffener Unternehmer im Import-/Exportgeschäft tätig, als einer der ersten die Expandierungsmöglichkeiten dieser Branche.

Die traditionellen Schieber hatten sich stets damit zufrieden gegeben, das Kokain zu verkaufen und die Risiken wie auch den Profit der weiteren Vermarktung anderen zu überlassen. Das war unklug: Denn ein Kilo, das in Kolumbien für 10.000 Dollar verkauft wurde, brachte in den USA einen Großhandelspreis von 40.000 Dollar oder mehr, und wenn es schließlich wieder und wieder verschnitten, auf der Straße verhökert wurde, stieg sein Wert mitunter auf eine halbe Million Dollar.

Ochoa tat sich 1981 mit Escobar zusammen, sie machten sich an die Arbeit und zogen innerhalb kurzer Zeit ein Großhandelsnetz in Miami und New York auf, das später auch auf Los Angeles und Chicago ausgedehnt wurde. Ihr Personal rekrutierten sie hauptsächlich aus Kolumbianern, die sich nach dem Zusammenbruch der Textilindustrie Medellíns in die Staaten abgesetzt hatten, um dort ihr Glück zu machen.

Den traditionellen Großdealern im Kokaingeschäft, vorwiegend Kuba-Amerikanern, paßte die Invasion der Kolumbianer überhaupt nicht – doch der Brutalität, mit der sich die neuen Bosse breitmachten, hatten sie nichts entgegenzusetzen. Auch in Sachen Effizienz setzten sie neue Maßstäbe: war das Kokain seither hauptsächlich pfundweise – zum größten Teil in Koffern mit doppeltem Boden, oder in Präservativen in menschlichen Körperöffnungen versteckt – in die USA gelangt, so spezialisierte sich die neue Schmugglergeneration auf Operationen großen Stils: Poinier war ein gewisser Carlos Lehder, der im September 1978 auf der Bahamas-Insel Norman's Kay einen Kurierdienst einrichtete, der per Flugzeug im regelmäßigen Turnus erst Dutzende, dann Hunderte von Kilo Kokain von Kolumbien nach Florida schaffte.

Bei einem Gipfeltreffen, das Jorge Ochoa im Jahre 1981 auf seiner Hacienda Veracruz einberief, legte er den versammelten kolumbianischen Drogenhändlern ein Konzept zur weiteren Expansion vor – durch Ausweitung der Zusammenarbeit, Anschaffung neuer Flugzeuge, den Aufbau eines Navigations- und Kommunikationssystems, um jeden Drogentransport zwischen Kolumbien und den USA zu leiten und zu überwachen.

Was die rivalisierenden, miteinander um Gebiete und Geschäftsanteile kämpfenden Händlerbanden, die ihre Fehden nicht selten in den Straßen von Medellin und Miami in blutigen Metzeleien und Schießereien ausfochten, dann schließlich einander näherbrachte, war die Entführung von Maria Nieves Ochoa, einer Schwester Jorge Ochoas, durch ein Kommando der revolutionären M-19-Bewegung im November 1981. Nun ist Kidnapping in Kolumbien keine Seltenheit, zum ersten Mal aber war das Opfer ein Mitglied einer der großen Kokainhändler-Clans. Hätten die Ochoas das geforderte Lösegeld bezahlt, hätte die nächste Entführung nicht lange auf sich warten lassen.

Im Intercontinental Hotel von Medellin berief der Ochoa-Clan eine Generalversammlung ein, zu der die einflußreichsten Drogenhändler aus dem ganzen Land erschienen, 223 Teilnehmer, aufgrund ihres beträchtlichen Vermögens allesamt potentielle Kidnappingopfer. Sie kamen nicht umhin, Jorge Ochoa ihrer vollen Unterstützung zu versichern, und wenige Tage später wurden in ganz Kolumbien Flugblätter veteilt, die über die Gründung einer Gruppe informierten, die sich »Muerte a Sequestradores«, kurz MAS, nannte – »Tod den Entführern«. Das Flugblatt erklärte, jeder der 223 Bosse habe zehn seiner besten Männer abgestellt, und man verfüge über eine Kriegskasse von über vier Millionen Dollar, um den Entführern die Hölle heiß zu machen. Man drohte ihnen an, sie auf öffentlichen Plätzen an Bäumen aufzuknüpfen oder per Erschießungskommando zu liquidieren – selbst denjenigen, die von der Polizei geschnappt würden, wäre ihr Tod im Gefängnis sicher; falls sich ihr Verbleib nicht feststellen ließe, werde man sich an ihre Freunde bzw. Familien halten.

Daß sie es ernst meinte, bewies die MAS damit, daß sie etliche Angehörige und linksradikale Sympathisanten der bis dahin scheinbar unbesiegbaren M-19 verschleppte und folterte. Drei Monate später gaben die Entführer auf – Ochoas Schwester wurde freigelassen und kehrte unversehrt nach Hause zurück.

Die Erfahrung mit der Todesschwadron machte auch dem letzten Zweifler klar: Ochoa hatte recht – wenn man zusammenhielt, konnte man allerhand erreichen. Das Medellin-Kartell war keine Utopie mehr.

Es blieb dann nicht bei Abwehrmaßnahmen gegen die Guerilla und der Gründung des MAS. Das Gewaltkartell, erst einmal geschaffen, agierte fortan wie ein multinationaler Konzern, regulierte Preispolitik, Lieferwege und koordinierte die Abwehr der Drogenfahnder. Ochoa, Escobar und ein gewisser Gonzalo Rodrigez Gacha waren die Hauptdrahtzieher. Sie stellten die ausreichende Vesorgung mit Kokapaste aus Bolivien und Peru sicher und lieferten die Paste in kleinen Portionen an unabhängige kolumbianische Labors, die sie zu Kokain verarbeiteten. Fast jeder – guter Leumund aus einschlägigen Kreisen vorausgesetzt – konnte dem Kartell sein Kokain zwecks Verteilung und Vermarktung überlassen. Das Kartell sorgte für Sicherheit und, falls erforderlich, für Strafmaßnahmen. Es gewährte Kredite, und unabhängige Händler konnten sogar Transportversicherungen bei ihm abschließen.

Das Tranquilandia-Projekt

Gegen Ende 1982 hatten Ochoa, Escobar und Gacha zusammengelegt und machten sich an den Aufbau der größten Kokainfabrik der Welt – die althergebrachten Kokainküchen, oft in primitiven Wellblechschuppen untergebracht, die jeweils nur fünf bis zehn Kilo in einem Durchgang herzustellen vermochten, waren nicht mehr effektiv genug.

Man warb in Medellin Scharen von Handwerkern an, die man nach Caqueta flog, in die gewaltige, kaum besiedelte Amazonas-Ebene im Südosten des Landes. Auf einer rund 15 Quadratkilometer großen Insel im Yari-Fluß errichteten sie dort drei verschiedene Gebäudekomplexe, genannt Tranquilandia. Der erste, den sie fertigstellten, bestand aus Verwaltungsbüros, Barackenunterkünften für bis zu 100 Mann, einem Kasino für die Piloten, einer Kantine, mehreren Lagerhäusern für Chemikalien, Lebensmittelvorräte, Ersatzteile und Medikamente, sowie zwei Werkstätten für Flugzeug- und Kfz-Reparaturen. In den anderen beiden Gebäuden wurden die Produktionsanlagen installiert; eine Startbahn und sechs Landepisten wurden angelegt. Die meisten Gebäude waren mit Airconditioning versehen; zur Unterhaltung der Arbeiter hielt man Videorecorder, Brettspiele und US-Pornos bereit.

Von September 1983 an wurde die Fabrik tagtäglich von Flugzeugen aus dem Norden Kolumbiens angeflogen, die Äther und andere unentbehrliche Chemikalien zur Kokainproduktion entluden, um sich mit einer Ladung frischen Kokains wieder auf den Rückflug zu machen. Die Kokapaste wurde aus Bolivien eingeflogen; wöchentlich wurden zwei Tonnen Kokain produziert.

Schutz verschaffte sich der Kokain-Konzern durch ein seltsames Bündnis: Truppen des seit 1966 operierenden 9.000 Mann starken Guerillaheeres moskautreuer Kommunisten der FARC (»Revolutionäres Volksheer Kolumbiens«), übernahmen die Sicherung des Gebietes im Austausch gegen Geld und Waffen. Während die Führung der FARC mit dem damaligen Präsidenten Belisario Betancur über einen Waffenstillstand, ja über die Aufgabe des Kampfes und die Rückkehr in die Politik verhandelte, wandelten sich ihre Amazonas-Einheiten zur »Narco-Guerilla«.

Ein halbes Jahr später wurde Tranquilandia von einem US-Satelliten entdeckt und von der kolumbianischen Polizei gestürmt. Unter den Festgenommenen fanden sich keine großen Fische; immerhin wurde 14 Tonnen Kokain sichergestellt und etliche Militärhubschrauber, Transportflugzeuge, Waffen, Fahrzeuge – Ausrüstung im Wert von zwei Milliarden Dollar.

Ausgelöst hatte die Großrazzia der neue Justizminister Kolumbiens, ein junger, energischer Mann namens Rodrigo Lara Bonilla, der Drogenhändlern samt korrupten Politikern den Krieg erklärt hatte und sich seine Erfolges nicht mehr lange freuen konnte. Sieben Wochen danach, im April 1984, starb er bei einem Attentat, als zwei Killer auf einer roten Yamaha seinen Dienstwagen mit Maschinenpistolen unter Beschuß nahmen.

Ochoa und Escobar indessen waren doppelt getroffen: Nicht nur der Verlust ihrer Kokainfabrik ging auf Lara Bonillas Konto – er hatte auch die Mär zerstört, die bis dato offiziell von Regierung und Presse aufrechterhalten wurde: daß Ochoa und Escobar ehrbare Geschäftsleute seien, nämlich Industrielle bzw. Viehzüchter. In der Tat galt Escobar als spendabler Wohltäter, der die Teilnahme kolumbianischer Radfahrer an der Tour de France finanzierte, der in Medellin für den Kicker-Nachwuchs in den ärmeren Vierteln 80 Fußballplätze anlegen ließ, der auf einem Hang hoch über dem Stadtzentrum eine Wohnsiedlung für 480 Familien bauen ließ, die einst auf der Müllkippe Medellins hausten, und sich auch gerne im Glanze seiner Großherzigkeit sonnte. Das Volk hatte ihm seine Wohltaten gedankt, indem es ihn bei den Wahlen von 1982 als stellvertretenden Abgeordneten der Liberalen Partei ins kolumbiansiche Repräsentantenhaus wählte. Seinen Wahlkampf hatte er mit »grünen« Themen geführt, als Verteidiger der Natur. Die Polizeiaktion in Tranquilandia machte dem Escobar-Mythos ein Ende, und Escobar mußte sich aus der Politik zurückziehen.

Der Pakt von Panama

Aufgrund der schlechten Publicity sah Escobar sich genötigt, der Heimat den Rücken zu kehren. Er setzte sich, gemeinsam mit Ochoa, Lehder und einer Handvoll weiterer Bandenmitglieder, nach Panama ab, wo ihnen General Manuel Noriega Zuflucht gewährte – nicht umsonst, versteht sich.

Am 4. Mai 1984 trafen sich Ochoa und Escobar dann im Hotel Marriott in Panama City mit dem ehemaligen Präsidenten Kolumbiens, Alfonso Lopez-Michelsen, und unterbreiteten ihm einen Vorschlag, der seither als »Pakt von Panama« herumgeistert.

Sie versäumten nicht, Lopez-Michelsen darüber aufzuklären, daß sie hier als Repräsentanten der 100 Spitzenfunktionäre im Kokaingeschäft verhandelten, daß sie es waren, die den gesamten Schmuggel von Kokapaste aus Peru und Bolivien nach Kolumbien und 80 Prozent des kolumbianischen Kokain-Exports in die USA unter Kontrolle hatten. Gegen garantierte Straffreiheit in der Heimat (und natürlich eine Revision des Auslieferungsabkommens mit den USA) wollten die Narcos ihr ganzes Geschäft einbringen: Coca-Plantagen und Laboratorien würden sie zerstören und das gesamte in Steuerparadiesen angehäufte Geld nach Kolumbien zurückbringen – die Auslandsschuld des Staates, das gab es dabei zu bedenken, hätte damit auf einen Schlag beglichen werden können. Lopez-Michelsen kehrte nach Kolumbien zurück, um sich mit Präsident Betancur zu beraten, dem muß der Vorschlag zugesagt haben: zehn Tage später entsandte er seinen Generalstaatsanwalt zu weiteren Verhandlungen nach Panama. Der Emissär bekam ein sechsseitiges Schriftstück, auf dem das Kartell die Bedingungen seiner Kapitulation in allen Einzelheiten fixierte.

Nachdem Betancur in Bogota das Angebot begutachtet hatte, übergab er eine Kopie davon der amerikanischen Botschaft, die den Inhalt des Schriftstücks nach Washington kabelte. Bevor es jedoch zu irgendeiner offiziellen Reaktion auf den Vorschlag des Kartells kommen konnte, gelangte das Papier in die Hände der kolumbianischen Presse.

Die Öffentlichkeit war entsetzt über das Angebot der Koksbarone, das so kurz nach dem Mord an Lara Bonilla kam. Präsident Betancur legte sofort den öffentlichen Schwur ab, er werde »unter keinen Umständen« einem derartigen Abkommen zustimmen. Auch auf amerikanischer Seite gab man sich empört und lehnte jede Verhandlung ab.

Intermezzo in Spanien

Nach den fehlgeschlagenen Amnestieverhandlungen zog das Duo erneut um: Escobar reiste nach Nicaragua, um fortan von dortaus zu operieren, Ochoa gemeinsam mit Gilberto Rodriguez nach Spanien, um Narco-Dollars interkontinental zu investieren (z. B. in ein Landgut mit 12.000 Morgen Land nahe Madrid), den Markt in Europa zu öffnen und abzuwarten, bis sich die Gemüter daheim wieder beruhigt hatten.

Auf Betreiben von US-Drogenfahndern wurde Jorge Ochoa im November in Madrid von der spanischen Polizei verhaftet und aufgrund eines Auslieferunsvertrages mit den USA festgehalten – kaum zwei Wochen später knallte es vor der US-Botschaft in Bogota: irgendwer hatte dort ein mit 22 Pfund Dynamit präpariertes Auto geparkt.

DEA-Agenten in Spanien beobachteten, wie bald darauf drei Kolumbianer, Mitglieder des Kartells, in Barcelona 1.000 Pfund Glyzerin kauften (ein Stoff, der zur Herstellung von Nitroglyzerin und Dynamit verwendet wird), wie einer der beiden sich in Madrid niederließ (wo Rodriguez und Ochoa im Gefängnis saßen) und telefonisch Kontakt mit Genossen in Bogota, Venezuela und im Libanon aufnahm. Ein US-Informant in Den Haag berichtete den Fahndern von einem weiteren Acht-Mann-Team, das sich in Spanien aufhalte und über eine beachtliche Menge Dynamit verfüge, mit dem man den spanischen Gefängnismauern zu Leibe rücken wolle.

Unterdessen versuchte ein Heer von hochbezahlten kolumbianischen und spanischen Anwälten, Ochoa auf legalem Wege herauszuhauen – Ende vom Lied: die spanischen Richter kamen schließlich überein, daß der millionenschwere Narco-Boß ebensogut in seinem Heimatland vor Gericht gestellt werden könne wie in den USA und überließen ihn den kolumbianischen Behörden.

Natürlich dauerte es keine vier Wochen, bis der heimgekehrte Häftling – gegen eine Kaution von 11.500 Dollar – wieder auf freiem Fuße war. Kaum aus dem »La Picota«-Gefängnis in Bogota heraus, tauchte er unter. Billig davongekommen? Wie ein Untersuchungsausschuß der kolumbianischen Regierung später ermittelte, hatte Ochoa es sich immerhin eine Million Dollar an Bestechungsgeldern kosten lassen, seine Freilassung in die Wege zu leiten.

Ihren bizarrsten Pakt schlossen die Drogenkönige dann 1985 mit den Guerilleros der einst wegen ihres Idealismus auch in der Mittelklasse angesehenen M-19: Im November des Jahres überfielen die Guerilleros den Justizpalast in Bogota. Der Brutalität des Angriffs begegnete das Heer mit dem Einsatz schwerster Waffen – Panzer drückten die Tore ein, Artilleriegranaten sprengten riesige Löcher in den modernen Zweckbau im Zentrum von Bogota. Mehr als hundert Menschen starben, darunter elf Mitglieder des Obersten Gerichts. Und: sämtliche Akten über die Drogenkönige verbrannten. Langsam, als der Verdacht einer Beteiligung der Narcos allmählich durchsickerte, erahnten die Kolumbianer die Gefahr, die ihrem Gemeinwesen von der Drogenmafia drohte.

Endlich, so schien es, gelang 1987 ein nennenswerter Schlag gegen das Medellin-Kartell mit der Verhaftung und Auslieferung von Carlos Lehder, einst hochqualifizierter Koks-Spediteur des Kartells. Der Verdacht liegt allerdings nahe, daß seine Komplicen ihn ganz bewußt der amerikanischen Justiz ans Messer lieferten – anders als Escobar oder Ochoa, die als mustergültige Familienväter leben und ihre Handelsware selbst nie anrührten, war Lehder am Ende selbst der Droge verfallen. Damit aber wurde er seinen Genossen gefährlich. Im Juli 1988 wurde er von einem US-Gericht zu Lebenslang plus 135 Jahre verurteilt. Lehder, Sohn eines deutschen Einwanderers und einer kolumbianischen Malerin, predigte einen konfusen Sozialismus. Seine Helden waren Hitler, Che Guevara und John Lennon, den er in Bronze gegossen neben seiner Villa aufstellen ließ. Das Kokain sah Lehder als Mittel, die imperialistische Macht USA von innen zu zersetzen. Mit seinem Ausspruch »Kokain ist die Atombombe der Dritten Welt« hat er auch in der deutschen Presse für Schlagzeilen gesorgt.

Drogenkrieg in Kolumbien: Präsident verhängt Ausnahmezustand

Im August 1989 ließ die Drogenmafia innerhalb von zwei Tagen einen

Richter des Berufungsgerichtes in Bogota sowie den Polizeichef der Provinz Antioquia (Hauptstadt: Medellin) ermorden. Als dann auch noch der aussichtsreichste Anwärter für die Präsidentschaftswahl im nächsten Mai, der beliebte liberale Senator Luis Carlos Galán (»Der Schlüssel zum Sieg über die Mafia ist die Auslieferung«), auf der Wahlkampftribüne erschossen wurde, da war das Maß voll. Präsident Virgilio Barco verhängte den Ausnahmezustand und setzte das Militär in Marsch. In Medellin besetzten Soldaten zwei Apartmenthäuser, zwei Nobel-Discotheken und eine festungsartig ausgebaute Villa – alles Besitz von Pablo Escobar. Auch auf Escobars 80 Meilen entfernter Hazienda rückten Kampfeinheiten der Armee ein und beschlagnahmten den gesamten Besitz, samt Privatzoo, Stierkampfarena und Flugplatz. Der Hausherr selbst hatte sich längst aus dem Staub gemacht.

Die Liste der Beschlagnahmungen liest sich recht eindrucksvoll: Dutzende Haziendas, 650 Waffen, 1.140 Autos und Lastwagen, 22 Jachten, 135 Flugzeuge und 15 Helikopter wurden im Verlauf der Großaktion kassiert. Von den rund elftausend festgenommenen Verdächtigen hat immerhin einer das entsprechende Kaliber, daß sich mit ihm – er steht auf der Fahndungsliste der US-Justiz – wieder einmal die Auslieferprozedur auf die Probe stellen läßt. Eduardo Martinez Romero wird beschuldigt, 1,2 Milliarden Dollar aus Kokaingeschäften in den USA ins Ausland geschleust zu haben, auf erfindungsreichen Wegen über Scheinfirmen der Edelmetallbranche und der Juwelenindurstrie.

Künftig, so gab Präsident Barco bekannt, sollen kolumbianische Coke-Capos auch ohne Gerichtsbeschluß an den Großen Bruder ausgeliefert werden, US-Präsident Bush lobte seine Entscheidung als »mutigen Schritt«. Für jeden Kolumbianer, der an die USA ausgeliefert wird, hat das Kartell unterdessen angedroht, müßten zehn Richter sterben.

Die 4.379 Richter des Landes traten in Streik; 1.600 von ihnen erhielten laut Angaben der Richtergewerkschaft Morddrohungen, nachdem Präsident Barco seine Notstandsmaßnahmen gegen die Narcos verkündet hat. Die seit fünf Wochen amtierende Justizministerin, Monica de Greiff, reichte nach Morddrohungen ihren Rücktritt ein; ihr Rücktrittsgesuch hat Präsident Barco abgelehnt. Die Justizministerin reiste in die USA, um in Washington über Sicherheitsmaßnahmen zum Schutz kolumbianischer Richter zu verhandeln.

Dort enthüllte die NBC gerade in einer TV-Reportage, woher die in die Hunderte gehende Killertruppe des Kokainkartells ihr Totschlag-Know-how hat: von fünf ehemaligen Offizieren der israelischen Armee beispielsweise, die das Kartell für 20.000 Dollar Monatsgage angeheuert

Kolumbien: Ministerin flieht vor der Drogenmafia

Aus Angst um ihr Leben in USA abgesetzt

BOGOTÁ (dpa). Die kolumbianische Justizministerin Monica de Greiff, die seit der Zuspitzung des Rauschgiftkrieges zur Zielscheibe von Morddrohungen wurde, ist nach einem Bericht der amerikanischen Fernsehanstalt ABC zurückgetreten. Laut ABC vom Sonntag ist Frau de Greiff, deren Vorgänger das Opfer eines Anschlags wurde, mit ihrer Familie schutzsuchend in die Vereinigten Staaten ausgereist. Die Drogenhändler Kolumbiens, die von der Ausweisung in die USA bedroht sind, hatten eine Rachekampagne gegen die Justiz angekündigt.

Im Kampf gegen die Drogenmafia haben Sicherheitsbehörden unterdessen einen neuen Erfolg verbuchen kön-
Nach A

ten in verschiedenen Regionen Kolumbiens ihre Aktionen gegen Einrichtungen der Rauschgiftbanden fort. Die USA wollen diesen Kampf nach Angaben des Weißen Hauses mit der Lieferung von Transport-hubschraubern, Jeep Lastwagen, Jeep schinengewehre fern und Munitic 65 Millionen stützen.

In Long Islar ging den Behörd ein kolumbiani ins Netz, das fü giftkartell in M vergangenen Ja Millionen Dolla dem Kokainh

Fünf im Drogenkrieg verhaftet

Bogotá – Kolumbiens Polizei hat 5 Männer festgenommen, die an der Ermordung des Präsidentschaftskandidaten Galan (45) beteiligt gewesen sein sollen. Washington hat Kolumbien eine Liste mit den Namen der 12 in JSA meist gesuchten bianischen Drogen- übermittelt.

Kokain
Castros Bruder ein Dealer?

Miami – Raul Castro, Verteidigungsminister und Bruder von Kubas Staatschef Fidel Castro, soll in Kokain-Geschäfte verwickelt sein, berichtete ein Drogen-Händler US-Staatsanwälten. Raul Castro sei dabei gewesen, als 240 Kilo Kokain für den Weitertransport in die USA verladen wurden.

Polizist packt über Folter aus

Kolumbianer schildert „Methoden" der Sicherheitsbehörden

FRANKFURT A. M., 29. August (FR/epd). Die kolumbianischen Sicherheitsbehörden sind von einem inzwischen untergetauchten Polizisten beschuldigt worden, für Folter und Morde an Unschuldigen verantwortlich zu sein und teilweise enge Beziehungen zur Mafia zu pflegen. So sei Jesus Suarez Gutierrez, seines Zeichens Polizeichef in der kolumbian Ortschaft Tulua, gleichzeitig Bo Bande, die im Juni 1986 Homosexu mordete und Zeugen des Verb ebenfalls bestialisch getötet habe. dem Polizeichef stünde es in de von Pablo Escobar, heißt es in de riell beglaubigten Brief vom 1. A den Generalstaatsanwalt Kolumbi

In diesem Schreiben nennt der mehrere Militärkommandanten, bis zu 150 000 Mark von der Kok bestochen worden seien. Als se gibt der Polizist, der zwölf Ja selbst direkt an illegalen Verl

und Folter innerhalb der kolumbianischen Polizei- und Heeresleitung beteiligt gewesen sein soll, Gewissensbisse an.
Seine Aussagen bestätigen auch Menschenrechtsverletzungen des gefürchteten Militärbataillons „Charry Solano". Bei dem Sturm des Bataillons auf den von Guerilleros besetzten Justizpalastes in November 1985 seien Unver- geschleppt, er-

„Kokainsüchtige schufen Mafia"

Ansprache des kolumbianischen Präsidenten im US-Fernsehen

BOGOTÁ/WASHINGTON, 29. August (Reuter/AFP/AP). Der kolumbianische Präsident Virgilio Barco hat am Montag in einer Botschaft an die Welt die Kokain-Abhängigen für die Existenz der Drogenkartelle verantwortlich gemacht. In der auf einem Videoband aufgezeichneten Ansprache, die in New York US-Fernsehstationen zur Verfügung gestellt wurde, sagte Barco: „Diejenigen von Ihnen, die vom Kokain abhängen, haben die größte und bösartigste kriminelle

Fluchtweg zu versperren. Wie es heißt, halten sich viele der gesuchten Drogenhändler in der peruanischen Amazonas-Region auf, wo sie gegen Geld und Waffen von der Guerilla geschützt werden.

Entgegen allen Rücktrittsgerüchten traf die kolumbianische Justizministerin Monica de Greiff am Montag in Washington mit ihrem Amtskollegen Richard Thornburgh zusammen. Im Mittelpunkt des Gespräches stand nach offiziellen Angaben die mögliche Auslieferung von naßlichen Drogenhändlern in die wie Möglichkeiten, die kolumbia- olizei besser auszurüsten.
gotá wurde bekannt, daß von den 00 Richtern des Landes etwa 1600 rohungen erhalten haben.
den landesweiten Aktionen gegen Mafia haben Polizei und Militär 4,5 nen Kokain, ein Prozent der kolumbianischen Jahresproduktion, beschlagnahmt. In der Nähe von Medellin wurde Abraham Majuat festgenommen. Er soll für finanzielle Angelegenheiten des Syndikats zuständig gewesen sein.
US-Präsident George Bush hat einer Drogenplan angekündigt. Er sehe härter Strafen für Dealer und Süchtige vor so

Kolumbiens Drogenbosse haben dem Land Stabilität und wirtschaftlichen Aufschwung gebracht

aber nur 10 hat das berüchtigtste Drogenkartell seinen Sitz.
Peru hat seit Sonntag seine Grenze zu Kolumbien geschlossen, um Bogotás die Drogenmafia zu unter- General Fer

hat. Auch aus England und Südafrika stehen Experten zur Verfügung. Eine dpa-Meldung zählt unterdessen die Hardware auf, mit der die USA nun dem Andenstaat unter die Arme greifen will: Granatwerfer, Jeeps, Lkws, Boote, Hubschrauber, Flugzeuge und Munition im Wert von 65 Millionen Dollar frei Haus.

Freilich: Kokain ist zur Zeit der einzige lateinamerikanische Rohstoff, für den es auf dem Weltmarkt noch gute Preise gibt. Das Koks-Kartell zieht aus seinen Exporten in die USA und nach Europa jährlich vier Milliarden Dollar Gewinne, es erwirtschaftet nicht weniger als 90 Prozent der kolumbianischen Exporterlöse oder über elf Prozent des Bruttosozialprodukts.

Politiker wie Juan Gomez, der Bürgermeister von Medellin, raten denn auch, lieber den abgebrochenen Dialog von anno 1984 in Panama wieder aufzunehmen. Denn der offene Krieg gegen die Capos, so befürchten viele, könnte das Ende Kolumbiens bedeuten.

Auch Don Fabio, Chef des Ochoa-Clans, hat die Hoffnung auf einen Dialog nicht aufgegeben. der 65jährige Drogenboß Jorge Ochoa wandte sich in einem Brief an Präsident Barco und forderte ihn zu Verhandlungen auf:»Doktor Barco, lassen Sie einen Dialog zu, damit es Frieden und Vergebung gibt. Lassen Sie uns eine Art Schlußstrich ziehen und eine neue Rechnung beginnen.«

Vorgestellt hatte sich Don Fabio in seinem Brief mit den Worten: »Ich bin Fabio Ochoa Restrepo, Vater von angeblichen 'extraditables'. Gott möge die armen Kerle behüten.«

Kokain-Chronik

1860 Albert Niemann beschreibt seine Isolierung des Koka-Wirkstoffes und nennt das Alkaloid Cocain

1880 Bentley und Palmer berichten über die Behandlung der Morphinsucht mit Kokain in der *Detroit Therapeutic Gazette*

1883 Theodor Aschenbrandt berichtet von seinen Kokain-Experimenten mit Soldaten

1884 Am 30. April macht Sigmund Freud einen ersten Selbstversuch mit Kokain. Er publiziert seine Erkenntnisse »*über Coca*«

1884 Carl Koller stellt die lokalanästhesierende Wirkung des Kokain fest an Frosch- und Menschenaugen

1885 Louis Lewin attackiert Freuds Ansicht über die Harmlosigkeit von Kokain und seine Anwendung bei der Behandlung der Morphinsucht. Albert Erlenmeyer pflichtet ihm bei und bezeichnet Kokain als »dritte Geisel der Menschheit«.

1885 Im Juli veröffentlicht Freud seine »*Bemerkungen über das Verlangen nach und die Furcht vor Cocain*« und nimmt Abstand von seiner bisherigen Position der Harmlosigkeit von Kokain

1886 John Styth Pemberton komponiert in Atlanta, Georgia, ein Getränk mit Koka- und Kolanuß-Extrakten, das in Drugstores unter dem Namen Coca-Cola ausgeschenkt wird

1888 A. Conan Doyle veröffentlicht »The Sign of the Four« – Meisterdetektiv Sherlock Holmes injiziert Kokain intravenös

1890 Preis für 1 Unze Kokain, legal in US-Drugstores: $2,50

1903 Dem Coca-Cola wird der Koka-Wirkstoff entzogen

1904 Entdeckung des Procain, eines neuen Lokalanästhetikums

1906 USA: *Pure Food And Drug Act* verbietet kokainhaltige Patentmittel

1914 In den USA wird der Kokain-Gebrauch unter Strafe gestellt *(Harrison Act)*

1916 Kokaingesetze in Großbritannien

1923 Totalsynthese des Kokains durch Willstädter

1930 Deutschland: Gesetz über den Verkehr mit Betäubungsmitteln stellt Einfuhr, Verkehr, Herstellung, Handel von Kokablättern und Kokain unter Strafe

1969 Dennis Hopper, Peter Fonda, Phil Spector spielen in »Easy Rider« eine Kokain-Transaktion durch; wilde junge Männer finanzieren sich Motorradtrip (Wyatt: »Wir sind Blindgänger«)

1971 »Rolling Stone« erklärt Kokain zur »Droge des Jahres«

1972 Schwarzmarktpreis USA: 1 Unze Kokain ca. 900 Dollar

1973 Schwarzmarktpreis USA: 1 Unze Kokain ca. 1.500 Dollar

1975 Schwarzmarktpreis USA: 1 Unze Kokain 2.000 Dollar

1977 Schwarzmarktpreis USA: 1 Unze Kokain ca. 2.500 Dollar
US-Zoll beschlagnahmt 427 kg Kokain
Deutsche Behörden beschlagnahmen 7,6 kg Kokain

1978 US-Zoll beschlagnahmt 700 kg Kokain (Thamm 203)
Deutsche Behörden beschlagnahmen 4,2 kg Kokain

1979 Deutsche Behörden beschlagnahmen 19 kg Kokain

1982 Deutsche Behörden beschlagnahmen 32 kg Kokain

1983 Die Kolumbianer Ochoa, Escobar und Gacha errichten in unwegsamen Dschungelgebiet ihre Kokainfabrik »Tranquilandia«, wöchentlicher Ausstoß zwei Tonnen. Fabrik wird nach etwa einem halben Jahr von der Polizei gestürmt.

1984 Deutsche Behörden beschlagnahmen 171 kg Kokain

1989 »Drogenkrieg« in Kolumbien eskaliert: Im August wird der liberale Präsidentschaftskandidat Luis Carlos Galán ermordet; Präsidet Virgilio Barco verhängt Ausnahmezustand und setzt bei landesweiten Razzien Militär ein.

Bibliographie (Auswahl)

Andrews, George & Solomon, David; 1975. »The Coca Leaf and Cocaine Papers«. Harcourt, Brace, Janovich, London & New York.

Ashley, Richard; Aldrich, Michael; Horovitz, Michael; 1978. »High Times Encyclopedia of Recreational Drugs«. Stonehill, New York.

Bolton, Ralph; 1976. »Andean Coca Chewing: A Metabolic Perspective« in: American Anthropologist, Vol. 78, No. 3.

Burroughs, William Seward; 1956. »Letter from a Master Addict to Dangerous Drugs« in: The British Journal of Addiction, Vol 53, No. 2.

Byck, Robert; 1974 (Hg.). »The Cocaine Papers by Sigmund Freud«. Stonehill, New York.

Henman, Anthony;1981. »Mama Koka«. Verlag Roter Funke, Bremen.

Mantegazza, Paolo; 1859. »Sulie virtio igieniche e medicinale della Coca, a sugli Alimenti nervosi in generale«. Monographie, Mailand.

McInerney, Jay; 1984. »Bright Lights, Big City«. Random House, New York.

Mills,James; 1987. »The Underground Empire – Where Crime and Governments Embrace«. Dell Publishing Co.,New York.

Mortimer, W. Golden; 1901. »Peru: History of Coca«. J. H. Vail & Co., New York. Nachdruck unter dem Titel »Coca – 'The Divine Plant' of the Incas«, And/Or Press, San Francisco, 1974.

Täschner, Karl-Ludwig & Richtberg, Werner; 1982. »Kokain-Report«. Akademische Verlagsgesellschaft Wiesbaden.

Thamm, Berndt Georg; 1986. »Andenschnee – Die lange Linie des Kokain«. Sphinx Verlag Basel.

Voigt, Hermann P.; 1982. »Zum Thema: Kokain«. Sphinx Verlag Basel.

CANNABIS HANDBUCH
Alles über den Anbau in Haus & Garten; Lagerung, Trocknung, Nutzung; Veredelung, Potenzanalyse, Herstellung von Haschisch und Öl etc.
240 Seiten, DM 33,-.............. Nr. AB 200

SINSEMILLA – KÖNIGIN DES CANNABIS
Sinsemilla kommt aus dem Spanischen und heißt „ohne Samen". Wie man diese hochpotente Sorte Cannabis züchtet zeigt dieses Buch einfühlsam und sachkundig. Mit 8 Farbseiten.
88 Seiten, DM 16,80 .... Nr. AB 203

HEIMISCHE PFLANZEN DER GÖTTER
Ein Handbuch für Hexen und Zauberer. Hrsg.: E. Bauereiß. Mit Beiträgen namhafter Autoren zu den bei uns wachsenden psychoaktiven Pflanzen, Stechapfel, Bilsenkraut, Tollkirsche etc. mit 16 Farbseiten und fast 900 (!) Literaturhinweisen.
256 Seiten, DM 39,80............. Nr. AB 201

raymond martin verlag

Jack Margolis & Richard Clorfene
Alles was Sie schon immer über Marihuana wissen wollten...

"Es sagt denen etwas, die schon haben, denen, die noch nicht haben aber wollen, und sogar denen, die nicht wollen, jedoch informiert zu bleiben wünschen." (Time Magazin) Aus dem Inhalt: Die Wirkung von Marihuana, wie man es bekommt, das Einnehmen, das Verstecken von Marihuana, Marihuana als Aphrodisiakum und Spiele, die man während des Stonedseins spielen kann.

160 Seiten
DM 19,80   Nr. AB 003

Hans-Hinrich Taeger
SPIRITUALITÄT & DROGEN

Das Buch untersucht die Zusammenhänge von psychedelischen Drogenerfahrungen (Marihuana, Psilocybin, Meskalin, LSD) und geistigen Selbstfindungsprozessen. Hierbei wird nicht nur die Geschichte der Hippie- und Popkultur aufgerollt, sondern es werden auch wichtige Randgebiete wie Religion, Tiefenpsychologie, Esoterik & Parapsychologie angeschnitten, durch die psychedelisches Erleben überhaupt erst verständlich wird. Der Autor ist ein professioneller Astrologe und gibt hier einen sachlich fundierten Überblick über Möglichkeiten und Gefahren der Benutzung psychedelischer Drogen.

280 Seiten
DM 28,-   Nr. AB 062

HALLUZINOGENE PILZE UNSERER HEIMAT
Ein Pilzführer mit Farbfotos
Zum ersten Mal wird in diesem Buch sehr detailliert und fundiert darüber informiert, welche psychoaktiven Pilze in unseren Breitengraden zu finden sind. Es wird auf Dosierungen, Gefahren und sogar rechtliche Konsequenzen hingewiesen. Farbfotos runden das Buch zu einem lehrreichen und nützlichen Naturführer durch die Welt der halluzinogenen Pilze ab.

72 Seiten
DM 14,-   Nr. AB 064

DER FLIEGENPILZ
Herkunft, Bedeutung und Anwendung

Bereits vor 3500 Jahren wurde der Fliegenpilz (amanita muscaria) als Inspiration für kultische Rituale verwendet, als „Soma" im Rig-Veda in überschwenglichen Tönen gepriesen. Im Mittelalter von Hexen und Hexern verwendet, wurde noch Ende des 18. Jahrhunderts über sibirische Fliegenpilzkulturen berichtet. Dieses Buch räumt auf mit der Verdammung des „Männleins im Walde" als Giftpflanze.
Mit vielen Fotos und Illustrationen, 80 Seiten

80 Seiten
DM 14,-   Nr. AB 063

CANNABIS IM GARTEN
Das praktische Handbuch für den Hobby-Gärtner

Beschreibung und Gebrauchsform von Cannabis Sativa, Geschlechtsabnormitäten, Boden, Wasser und Umgebung, Düngung, Licht und Wachstum, Ernte und Trocknen, Veredelung und Kreuzung. 84 Seiten

84 Seiten
DM 14,-   Nr. AB 066

Hey Raucher,

in das Land laß **Dich** von **uns** der **Paraphernalia** entführe[n]

Deinem besonderen Geschmack haben wir eine **Menge** zu bieten.

Bestell Dir unseren kostenlosen Farbkatalog, und lasse Dich von unserem groß[en] Angebot überrasche[n]

Ruf uns an unter unserer gebührenfreien Rufnummer

0130 / 852 321.

gebührenfrei bestellen! 0130 / 852 321

Wir haben **fast** alles für Raucher!

UDOPEA
Versand-Head Sh[op]
Abt.: M 15
Funkschneise 16
28309 Bremen
FON 0421 / 41 79 8[6]
FAX 0421 / 45 11 1[0]

Besucht eine unserer Filialen!

UDOPEA
HEAD SHOP - HAMBURG
Ottenser Hauptstr. 10
22765 Hamburg

UDOPEA
HEAD SHOP - 2x in BREMEN
Am Dobben 74 · 28203 Bremen
Knochenhauerstr. 27 · 28195 Bremen

UDOPEA
HEAD SHOP - TRIER
Karl-Marx-Str. 43
54290 Trier

Besucht eine unse[rer]

Weitere UDOPEA-Fachgeschäfte in Vorbereitung!